明代登科錄彙編 十九

萬曆八年登科錄四明范氏藏書見天一閣現存書
目者二體記題是科二甲第二名爲東林黨魁顧憲
成其一甲一名張懋修二甲十三名張敬修皆大學士居
正子也江陵當國最遭世議者爲顧表奪情
而操縱諸子之登巍科亦後人言嘖嘖當時言官嘗以爲試
言甚隱乃以三子羅致上第爲參劾羅斂之一原史但言
敬修懋修先後登第不云試官爲何人今觀此錄則讀
卷官人即乃江陵父讓老而私子當前列宜乎指議
紛然二甲四名之張泰徵乃大學士四張子之維同爲讀卷
官之人張之與江陵者蕭四維則俱爲當相人不之是
乃置而不言不見言官指摘無如羅熟之頗與之不
報列名等中表與情之聲江陵又有不得已之苦衷人
稱所聞陳識斯在甚明難江陵貴不知之甚盡一退居

朝政得政蓋又與嘉禍甘冒不韙觀其江陵當日政稿
旋絕于江陵之江陵受穆宗顧命專輔幼主以正神宗悼其一
藏衛居于心江陵當國朝臣席上易屢疑政章旨是而削
官而移家籍沒使之以不勝拷掠竟經服受贓自縊至今未嘗
史言江陵敗子弟蔭必有義方之訓故朝廷猶待雖蔭子
所知敬忠敬修均同殺于兩廣時殺以節不屈死可見祖孫
業書之上第圖非伴發之而今以此歸與史書互證此多
秦王史言居正江陵人觀此知為荊州衛籍文載江陵又
長往來歷五年九月此牘為八年三月二人皆曰重慶下位其祖
不敢豈祖父殺祖母既受乏重慶節文言放修其長子
稱此乃得其上書兒張長子乎陽史言五子允修以懋修
曾四維之允修實為第八子此張細手以見某書之下生乎
思中政至都之羅振寧記
第九行曰張當作四維

萬曆八年進士登科錄

玉音

萬曆八年三月初九日禮部尚書兼翰林院學士臣潘晟等於
皇極門奏為科舉事會試天下舉人取中三百名本年三月二十五日
殿試合擬讀卷官及執事等官少師兼太子太師
吏部尚書中極殿大學士張居正等五 八員

其進士出身等第恭依
太祖高皇帝欽定資格第一甲例取三名第一名從
六品第二第三名正七品賜進士及第第二甲
從七品賜進士出身第三甲正八品賜同進士
出身奉
聖旨是欽此
讀卷官
特進光祿大夫左柱國少師兼太子太師吏部尚書中極殿大學士張居正 丁未進士
光祿大夫少保兼太子太保禮部尚書武英殿大學士張四維 癸丑進士
光祿大夫少保兼太子太保兵部尚書方逢時 辛丑進士

榮祿大夫太子太保吏部尚書王國光 甲辰進士
資政大夫禮部尚書兼文淵閣大學士申時行 壬戌進士
資政大夫戶部尚書張學顏 癸丑進士
資善大夫刑部尚書嚴清 甲辰進士
資善大夫工部尚書曾省吾 丙辰進士
資政大夫都察院左都御史陳炌 辛丑進士
嘉議大夫禮部右侍郎兼翰林院侍讀學士掌詹事府事余有丁 壬戌進士
通議大夫通政使司通政使倪光薦 丙辰進士
通議大夫大理寺卿王友賢 己未進士
中順大夫詹事府少詹事兼翰林院侍讀學士掌院事陳思育 乙丑進士

提調官

資政大夫禮部尚書兼翰林院學士潘晟 辛丑進士

嘉議大夫禮部左侍郎兼翰林院侍讀學士林士章 己未進士

禮部右侍郎兼翰林院侍讀學士何洛文 乙丑進士

監試官

文林郎江西道監察御史趙煥 乙丑進士

河南道監察御史于鯨 戊辰進士

受卷官

承直郎右春坊右中允兼翰林院編修高啓愚 乙丑進士

翰林院修撰儒林郎沈懋學 戊辰進士

承事郎吏科都給事中秦燿 辛未進士

文林郎戶科都給事中郝維喬 戊辰進士

彌封官

亞中大夫光祿寺卿傅孟春 乙丑進士

中順大夫鴻臚寺卿賈名儒 監生

奉政大夫尚寶司卿雒遵 乙丑進士

翰林院侍講李長春 戊辰進士

翰林院修撰儒林郎黃鳳翔 戊辰進士

奉政大夫光祿寺少卿兼司經局正字馬繼文 儒士

奉政大夫光祿寺少卿兼司經局正字徐繼申 儒士

文林郎禮科都給事中顧九思 辛未進士

徵仕郎兵科左給事中劉中立 辛未進士

奉直大夫戶部浙江清吏司員外郎陳珩 戊午貢士

奉直大夫禮部精膳清吏司員外郎劉大武 儒士

承德郎管典籍事大理寺右寺右寺正兼司經局正字何初 儒士

承德郎大理寺右寺右寺正成楫 儒士

修職佐郎鴻臚寺主簿趙應宿 儒士

掌卷官

翰林院侍講朱賡 戊辰進士

翰林院修撰儒林郎王家屏 戊辰進士

翰林院修撰儒林郎張元忭辛未進士
翰林院編修文林郎鄧以讚辛未進士
刑科都給事中李選辛未進士
文林郎工科都給事中王道成辛未進士
巡綽官
昭毅將軍錦衣衛掌衛事署都指揮僉事劉守有
昭勇將軍錦衣衛管衛事署指揮使楊俊卿
懷遠將軍錦衣衛管衛事指揮同知張照
懷遠將軍錦衣衛管衛事署指揮同知毛澄
懷遠將軍錦衣衛管衛事署指揮同知曹應魁

明威將軍錦衣衛管衛事指揮僉事許　郁

明威將軍錦衣衛管衛事指揮僉事翟汝敬

懷遠將軍金吾前衛指揮同知谷　登

明威將軍金吾後衛指揮僉事尹　鎮

印卷官

奉直大夫禮部儀制清吏司署郎中事員外郎支可大 甲戌進士

承直郎禮部儀制清吏司署員外郎事主事沈　璟 甲戌進士

承德郎禮部儀制清吏司主事李一中 戊辰進士

供給官

奉政大夫光祿寺少　卿袁三接 壬戌進士

登仕佐郎禮部司務程道淵 辛酉貢士

承德郎禮部精膳清吏司署郎中事主事祝敎 乙丑進士

承德郎禮部精膳清吏司主事陳述齡 甲戌進士

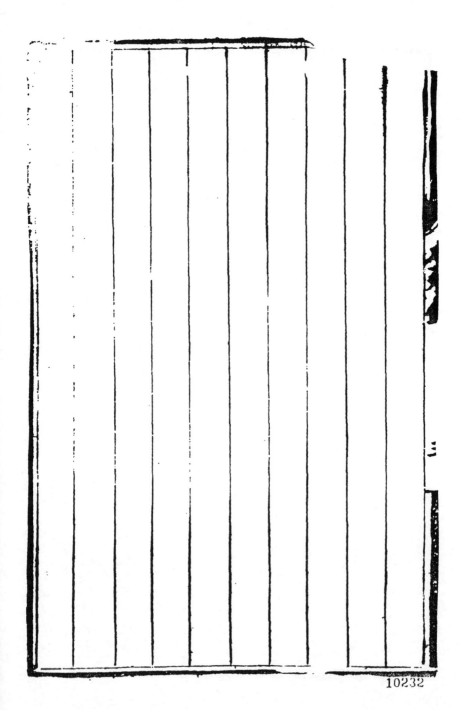

恩榮次第

萬曆八年

三月二十五日早諸貢士赴
內府
殿試
上御
皇極殿
親賜策問
三月二十八日早

文武百官朝服侍班是日錦衣衛設鹵簿于

丹陛丹墀內

上御

皇極殿鴻臚寺官傳

制唱名

禮部官捧

黃榜鼓樂導引出

長安左門外張掛畢順天府官用傘蓋儀從送狀

元歸第

四月初二日

賜宴於禮部宴畢赴鴻臚寺習儀
四月初三日
賜狀元朝服冠帶及進士寶鈔
四月初四日狀元率諸進士上
表謝
恩
四月初五日狀元率諸進士詣
先師孔子廟行釋菜禮
禮部奏請
命工部於國子監立石題名

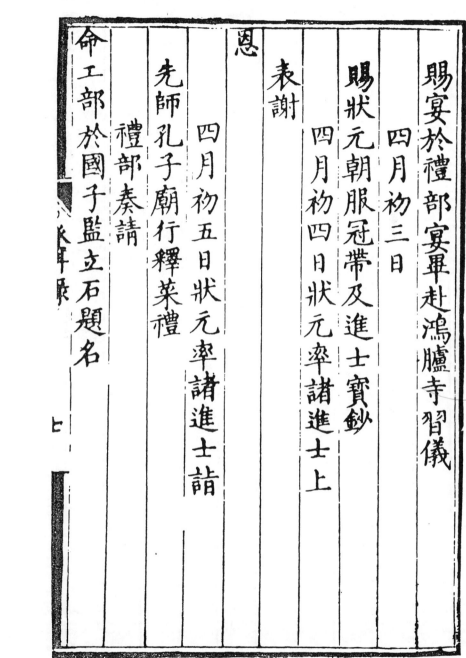

第一甲三名

賜進士及第

張懋修 貫錦衣衛官籍湖廣荊州衛人 府學生

治易經字惟時行四年二十五四月十三日生

曾祖鎮 贈特進光祿大夫左柱國少師兼太子太師吏部尚書中極殿大學士 祖文明 封特進光祿大夫左柱國少師兼太子太師吏部尚書中極殿大學士 父居正 特進光祿大夫左柱國太師兼太子太師吏部尚書中極殿大學士 前母顧氏 贈一品夫人 母王氏 封一品夫人

重慶下 兄敬修 同科同參 嗣修 進士翰林院編修 弟簡修 錦衣衛正千戶 指揮僉事 允修 尚寶司 靜修 娶高氏

湖廣鄉試第十二名 會試第十三名

蕭良有 貫湖廣漢陽府漢陽縣民籍 國子生

治春秋字以占行五年三十一十月初七日生

曾祖樂寧 祖珊 父逵州同知 母戴氏

具慶下 弟良譽同科進士 娶歐陽氏 繼娶戴氏

湖廣鄉試第五十四名 會試第一名

王庭譔 貫陝西西安府華州民籍 國子生

治詩經字敬卿行二年二十七二月二十九日生

曾祖朝臣義官 祖善述 父吉兆敎諭累封禮部員外郎 母楊氏累封宜人

具慶下 兄庭詩按察司副使 弟庭諭同科進士 庭諫 娶東氏

陝西鄉試第四十五名 會試第一百八十八名

第二甲五十七名

賜進士出身

董嗣成

貫浙江湖州府烏程縣民籍 縣學生

治春秋字伯念行一年二十一六月初八日生

曾祖環贈通議大夫吏部左侍郎兼翰林院學士 祖份資善大夫禮部尚書兼翰林院學士 父道醇府學生 母茅氏

重慶下 弟嗣宗 嗣初 娶徐氏

浙江鄉試第十名 會試第十一名

顧憲成 貫直隸常州府無錫縣民籍 縣學生
治書經字叔時行三年三十一八月初七日生
曾祖緯 祖夔 父學 母錢氏
慈侍下 兄性成 自成 弟允成監生 玄成 娶朱氏
應天府鄉試第一名 會試第二十名

溫顯 貫福建泉州府晉江縣軍籍 國子生
治易經字公宣行二年三十二十一月十三日生
曾祖玉訓導 祖夔壽官 父學周 母金氏
嚴侍下 兄碩 弟顲 頫 娶王氏
福建鄉試第十名 會試第九十八名

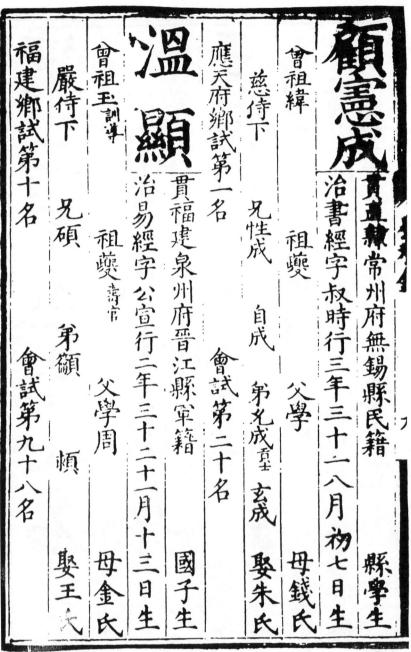

張泰徵

貫山西平陽府蒲州軍籍 國子生

治易經字懋同行二年二十七十一月初八日生

曾祖誼累贈光祿大夫少保兼太子太保禮部尚書武英殿大學士 祖允齡累封光祿大夫少保兼太子太保禮部尚書武英殿大學士 父四維光祿大夫少保兼太子太保禮部尚書武英殿大學士 母王氏累封一品夫人

重慶下 兄甲徵 弟定徵中書舍人 益徵 善徵 元徵 獻徵 性徵 吉徵 光徵 娶孫氏

山西鄉試第三名

會試第四十五名

李同芳

貫直隸蘇州府崑山縣民籍 國子生

治易經字濟美行一年三十十二月二十一日生

曾祖鎮 祖忱 父棠 前母高氏 母王氏

嚴侍下 兄春芳 咸熈 弟聯芳 咸照 咸壽 娶陳氏 繼娶劉氏

應天府鄉試第八十七名 會試第二名

王德新　貫江西吉安府安福縣民籍　國子生

治春秋字應明行三年二十六五月三十日生

曾祖衡 壽官　祖宗舜 教諭　父士望　前母朱氏　母顏氏

具慶下　兄德敏　德昇　廷俊 貢士　弟德和　德宿　德宣　娶劉氏

江西鄉試第十一名　會試第五十五名

邵夢弼　貫浙江紹興府餘姚縣民籍　國子生

治禮記字仲良行二年三十九月二十九日生

曾祖蕃 提學副使　祖時健 南京中兵馬副指揮　父淄　母張氏

永感下　兄本 進士　夢桂 照磨　夢蘭　桯 貢士　夢松　弟夢益 監生　夢鯉　夢齡　夢韶　娶鄭氏

浙江鄉試第五名　會試第二十一名

路雲龍 貫直隸常州府宜興縣民籍 國子生

治詩經字伯際行三年三十三八月初三日生

曾祖景祥 祖榮 父其直歲貢生 母施氏

永感下 兄雲程 雲孫 弟雲藩 娶蔣氏

應天府鄉試第五十九名 會試第一百十七名

黃克纘 貫福建泉州府晉江縣軍籍 國子生

治春秋字紹夫行七年二十八十二月二十八日生

曾祖員壽官 祖傳 父澄 母蔡氏

永感下 兄克震 克明 克復 德洋府醫 德然儒 德滸貢士 克純 克立 弟克絅 克維 克績 娶陳氏

福建鄉試第八十名 會試第四十一名

陸長庚　貫浙江嘉興府平湖縣民籍　縣學生

治書經字元白行一年二十三十二月十八日生

曾祖昌　祖珂　父文典　母胡氏

重慶下　兄長春　弟長慶　娶喻氏

浙江鄉試第五十一名　會試第八十六名

姜士昌　貫直隸鎮江府丹陽縣軍籍　縣學增廣生

治春秋字仲文行九年二十正月十八日生

曾祖昕　祖金贈通政使司右通政　父寶南京國子監祭酒　前母劉氏贈恭人　母賀氏封恭人

具慶下　兄士孝　士慶　士麟監生　士青監生　士交監生　士燮　士臺　士麐監生　弟士譽　士袁　娶于氏

應天府鄉試第四十二名　會試第二十八名

湯日昭

貫直隸鎮江府丹陽縣軍籍　縣學生

治書經字子德行四年三十　十一月十九日生

曾祖遇（壽官）　祖佐（州判官）　父岡（府經歷）　母吉氏

具慶下　兄日宣（縣丞）　日昇（監生）　日孜　弟日章　日敏　日曜　日望　日寅　日效　日昌　日萱　娶鄒氏

應天府鄉試第十三名　會試第一百六十七名

張敬修

貫錦衣衛官籍湖廣荊州衛人　國子生

治易經字君平行二年二十九　十月初七日生

曾祖鎮（贈特進光祿大夫左柱國少師兼太子太師吏部尚書中極殿大學士）　祖文明（贈特進光祿大夫左柱國少師兼太子太師吏部尚書中極殿大學士）　父居正（特進光祿大夫左柱國少師兼太子太師吏部尚書中極殿大學士）　母顧氏（贈一品夫人）　母王氏（封一品夫人）

重慶下　弟嗣修（翰林院編修）　懋修（同科進士）　簡修（錦衣衛指揮僉事）　愼修　道修（府學生）　允修　靜修　娶高氏

湖廣鄉試第四十七名　會試第三十名

余寅

貫浙江寧波府鄞縣民籍 國子生

治易經字君房行二十二年四十八月二十九日生

曾祖思熹 祖璇 父湍 母毛氏

永感下 兄宸 憲 賓 弟寯（典史） 寇 察 芳 娶莊氏 繼娶徐氏

浙江鄉試第二十五名 會試第三十三名

張中鴻

貫山東兖州府滕縣民籍 國子生

治書經字允獲行一年三十三正月初八日生

曾祖壽 祖思孝（省祭官） 父大經（知縣） 母王氏 繼母顏氏

具慶下 弟中鵠 娶魏氏

山東鄉試第八名 會試第一百五十一名

于文熙

貫直隸鎮江府金壇縣軍籍　國子生

治書經字元敬行三年三十五六月初三日生

曾祖鎰知縣贈都察院右副都御史　祖湛都察院右副都御史贈右都御史　父耒貢士　母吳氏

永感下　兄明照貢士　光烈監生　弟孔兼同科進士　廷燮貢士　斗聯監生　泰衡監生　佶廉進忞定勳　娶史氏

應天府鄉試第五十八名　會試第十五名

馮時泰

貫直隸山海衛籍山西汾州人　國子生

治易經字德交行二年三十五月二十九日生

曾祖朗　祖復成　父琦壽官　母常氏　繼母王氏

具慶下　兄大智　大貫　弟時盛　娶陳氏

順天府鄉試第二十二名　會試第二百三十三名

孫溫如 貫山東濟南府濱州民籍 國子生
治春秋字玉叔行三年二十八六月二十五日生
曾祖騰 祖鳳 父綬貢士 母張氏
慈侍下 兄淡如 淵如 弟浩如 涵如 煇如 娶王氏 繼娶尹氏
山東鄉試第四名 會試第二百二十六名

葉萬景 貫浙江寧波府鄞縣民籍 國子生
治易經字齊伯行十年二十八五月二十二日生
曾祖郁 祖明封刑部主事 父應驄知府 嫡母魏氏封安人 母陳氏 生母宮氏
慈侍下 兄萬春 萬冬 弟萬秀 萬桂 萬章 娶俞氏
浙江鄉試第二十名 會試第十九名

李懋檜 貫福建泉州府安溪縣軍籍 國子生

治書經字克蒼行七年二十三十月十五日生

曾祖泉知縣 祖鎮王府典膳 父雲霄 母吳氏

具慶下 兄道先府推官 仕觀貢士 懋柯 懋柟 禎貢士 懋楚 娶洪氏

福建鄉試第八名 會試第八十名

楊同善 貫直隸揚州府泰興縣軍籍 國子生

治詩經字克一行一年三十五十一月二十八日生

曾祖世榮 祖滢 父瓚壽官 母陳氏

具慶下 弟同位 同朝 同達 同學 同軌 同奎 同功 同道 同孝 應貴 娶曹氏

應天府鄉試第一百二十七名 會試第二百八十四名

謝文炳

貫福建漳州府龍溪縣民籍 國子生

治易經字復元行一年二十八四月初八日生

曾祖鸞 祖帶 父正觀 母姚氏 繼母徐氏

具慶下 兄彬按察司副使 彭 參 彦 弟復禮 復性 復信 復昌 復隆 娶鄭氏

福建鄉試第六十四名 會試第一百五十四名

楊現

貫江西吉安府泰和縣民籍 國子生

治易經字廷蘊行一年三十四十月十三日生

曾祖顯爵教諭 祖榮端 父奎 母曾氏 繼母蕭氏

具慶下 弟玩 琿 瑫 娶陳氏 繼娶蕭氏

江西鄉試第八十八名 會試第二百五十七名

袁年 貫直隸蘇州府吳縣民籍 國子生
治易經字子壽行四年三十六正月二十八日生
曾祖敬 祖鼎封刑部主事 父復監生 前母吳氏 母龔氏 繼母周氏
永感下 兄夢麟庠生 夢龍按察司副使 夢鯉 夢韋 弟夢蘭府學生 夢熊 夢麒 夢鰲 夢鯨 夢䕫 娶許氏
應天府鄉試第七十九名 會試第二百四十六名

楊子庭 貫直隸滁州全椒縣民籍 縣學生
治詩經字道行行一年二十三二月二十六日生
曾祖茂 祖隆 父崇恩例冠帶 母王氏 繼母田氏
具慶下 弟子陛 子階 娶陳氏
應天府鄉試第二十名 會試第一百二名

葉雲礽　貫浙江紹興府會稽縣軍籍處州府雲和縣人　國子生

治易經字奕甫行九年二十八十月二十九日生

曾祖員散官　祖統主簿封刑部主事　父應暘貢士　母錢氏

慈侍下　弟雲禎監生　雲祥　雲祚　雲祐　雲祿　娶金氏

浙江鄉試第四十二名　會試第二百四十五名

孟化鯉　貫河南河南府新安縣民籍　國子生

治春秋字叔龍行一年三十六閏正月二十四日生

曾祖聰　祖倫儒官　父秋壽官　母衛氏

具慶下　兄化鯤　弟化鯨　化鱸　化鰲　娶龔氏

河南鄉試第九名　會試第二百九十八名

陸汴

貫直隸蘇州府長洲縣民籍　國子生
治春秋字梁彥行三年三十六月初十日生
曾祖士昌　祖敏　父銓　前母張氏　母馬氏
永感下　兄濱　洋　娶莊氏
應天府鄉試第七十七名　會試第二百十二名

張恒

貫直隸松江府上海縣民籍蘇州府嘉定縣人　縣學增廣生
治易經字伯常行一年二十六五月初七日生
曾祖景暘　祖洲　父杭　母歸氏
重慶下　弟忱　情　性　娶顧氏
應天府鄉試第二十一名　會試第一百七十三名

史邦載　貫直隸常州府江陰縣民籍蘇州府長洲縣人　縣學附學生
治詩經字元熙行一年三十四八月初五日生
曾祖昌　祖祥　父鎰　母喬氏
具慶下　弟邦紀　娶楊氏
應天府鄉試第三十三名　會試第七十七名

蔣瑞卿　貫直隸常州府宜興縣民籍　縣学生
治書經字景雲行一年三十十二月十一日生
曾祖鎬壽官　祖環壽官　父禮　母諸氏
慈侍下　弟明卿　娶陳氏
應天府鄉試第八名　會試第九十八名

盧文勳 貫直隷常州府無錫縣民籍 府學附學生
治詩經字堯卿行一年三十二月十三日生
曾祖憲 祖成禮 父果 母趙氏
慈侍下 兄文燁 弟文杰 娶曹氏
應天府鄉試第十五名 會試第五十八名

錢濬 貫應天府上元縣匠籍蘇州府長洲縣人 府學生
治易經字啓祥行一年三十四正月二十一日生
曾祖琳 祖士華 父鎬 母莊氏 繼母諸氏
慈侍下 弟涍 娶甘氏 繼娶齊氏
應天府鄉試第四十七名 會試第一百十八名

張治樞 貫福建泉州府晉江縣軍籍 國子生
治書經字明勵行二年二十八六月十七日生
曾祖儼壽官 祖鑑壽官 父堯贈文林郎監察御史 母林氏封太孺人
慈侍下 兄治具貴州道監察御史 娶林氏 繼娶賴氏
福建鄉試第七十七名 會試第一百七十六名

閻汝哲 貫直隸真定府冀州南宮縣民籍 山東金鄉縣學訓導
治詩經字克明行一年四十一五月初三日生
曾祖聚 祖愷 父玄 嫡母邢氏 生母任氏
慈侍下 弟汝器 汝喬 汝咨 娶劉氏
順天府鄉試第八十四名 會試第一百八十六名

李芳

貫山東濟南府濱州霑化縣軍籍　縣學生

治易經字本植行一年二十九十一月十六日生

曾祖輔　祖璉　父先現壽官　母孫氏

具慶下　弟蘭　芝　莊　芬　娶喬氏　繼娶周氏

山東鄉試第五十六名　會試第一百三十四名

黃孝美

貫山東兗州府曲阜縣民籍江西南昌府南昌縣人　國子生

治易經字尚含行三年二十八十二月初七日生

曾祖金繡　祖邦良　父國材　母陳氏

具慶下　兄孝元　子科　弟孝沖　子和　子淳　子粹　娶路氏

山東鄉試第二十三名　會試第九十二名

徐秉正 貫江西南昌府南昌縣匠籍 國子生

治易經字朝直行七年三十一十二月十三日生

曾祖廷株 祖安宗 父伊監生 母萬氏

慈侍下 兄憲正 寅正 恭正 弟經正 勉正 熹正 娶吳氏

江西鄉試第二十三名 會試第十名

周一鵬 貫四川敘州府宜賓縣民籍 國子生

治詩經字圖南行一年二十八七月十八日生

曾祖正寬 祖忠王府典膳 父子玉 母毛氏

慈侍下 兄一鯤 應鳳 一麟 應龍貢士 娶尹氏 繼娶丁氏

四川鄉試第五十八名 會試第二百五十四名

劉日桂 貫江西南昌府南昌縣民籍 府學生

治詩經字汝芳行七年三十八月初三日生

曾祖伯祥 祖廷惠 父仕淡 母李氏

具慶下 弟日樟貢士 日彬 日桱 娶徐氏 繼娶吳氏 熊氏

江西鄉試第五十一名 會試第一百四十七名

徐泰時 貫直隸蘇州府長洲縣民籍 國子生

治書經字大來行三年三十三六月初五日生

曾祖朴 祖燿贈刑部主事 父履祥尚寶司少卿 母張氏封誥人

永感下 兄受祉監生 弟申錫知縣 鏐錫 𨫼錫 數錫 罍錫俱監生 文錫 蕃錫 娶董氏

應天府鄉試第十名 會試第一百二十三名

鄒雲鵬 貫直隸蘇州府吳江縣軍籍 國子生
治易經字翼卿行二年二十八八月二十四日生
曾祖昌 祖南千戶 父點監生 母徐氏
具慶下 兄雲龍 弟雲鴻 雲鵬 雲鳳 雲虬 雲麒 雲麟 娶劉氏
應天府鄉試第六十九名 會試第一百三十二名

沈修 貫浙江杭州府仁和縣民籍 國子生
治易經字吉甫行二年三十三二月初二日生
曾祖懋德 祖璋壽官 父哲州同知 母錢氏
永感下 兄偁監生 偉 弟倫監生 仕 娶姚氏
應天府鄉試第一百二十六名 會試第二百十六名

彭夢祖　國子生
貫直隸滁州全椒縣民籍
治易經字應壽行一年三十二四月二十九日生
曾祖雄　祖儒知府同　父渠訓導　母蔣氏
重慶下　弟夢閏　光祖　耀祖　娶吳氏
應天府鄉試第十四名　會試第一百二十四名

陳榛　國子生
貫應天府句容縣軍籍
治易經字君實行一年三十二三月二十五日生
曾祖永祥　祖景清　父恬　母許氏
慈侍下　弟梓　楹　娶華氏　繼娶曹氏
應天府鄉試第八十名　會試第二十二名

孟紹慶 貫湖廣武昌府武昌縣軍籍 國子生

治詩經字爾申行一年二十七正月十六日生

曾祖芸贈文林郎大理寺評事 祖廷柯按察司按察使 父儆知州 母胡氏

具慶下 弟紹序縣丞 紹武 紹舉 娶陶氏

湖廣鄉試第八十名 會試第十八名

林民悅 貫福建興化府莆田縣民籍 國子生

治書經字益夫行三年三十一六月初一日生

曾祖弘仁 祖敏儀贈承德郎刑部主事 父允宗知府累進中議大夫資治尹 前母蕭氏贈安人 母饒氏封安人

嚴侍下 兄民極 民牧 民止知縣 弟民順 民懷 民望 娶鄭氏

福建鄉試第十名 會試第二百十一名

沈一中

貫浙江寧波府鄞縣民籍 國子生

治禮記字長孺行七年三十一三月初二日生

曾祖宗義 祖元瑞 父仁佾 母任氏

具慶下 兄一初 一經 九疇刑部主事 一貫翰林院編修 弟一本 一夔 一士 娶姚氏

浙江鄉試第十名 會試第八名

薛士彥

貫福建漳州府漳浦縣軍籍 國子生

治詩經字道譽行二年二十九四月初八日生

曾祖乾 祖芹 父陽清 母何氏

慈侍下 兄仁典 仁史 弟士恩 士輔 士植 士健 士衡 士徹 娶高氏

福建鄉試第七十八名 會試第八十一名

盧大順　貫直隸廣平府永年縣民籍　國子生

治詩經字子達行四年二十八四月二十日生

曾祖昌　祖麒　父廷珠　母楊氏

慈侍下　兄大節監生　大謨貢士　大中貢士　弟大道　娶蘇氏

順天府鄉試第一百四名　會試第二百十五名

趙壽祖　貫河南汝寧府汝陽縣民籍　府學生

治易經字山甫行二年二十二十月二十七日生

曾祖興贈通議大夫都察院右副都御史　祖學封知府贈通議大夫都察院右副都御史　父賢吏部右侍郎　母盧氏累封淑人

具慶下　兄燦祖　繼祖　恩祖　信祖　弟孝祖　慶祖　悊祖　怡祖　娶宋氏

河南鄉試第十一名　會試第一百十五名

王乾亨 貫山西太原府代州民籍 國子生

治禮記字應元行二年三十四閏九月二十五日生

曾祖鑰 訓導 祖治 教諭 父熙政 母李氏

具慶下 兄炌 [illegible] 泰亨 弟貴亨 有亨 坤亨 娶吳氏 繼娶吳氏

山西鄉試第九名 會試第二百六名

董基 貫山東萊州府掖縣軍籍 國子生

治詩經字繼可行一年二十七三月十四日生

曾祖漢 祖範 父用威 恩例冠帶 母賈氏

重慶下 娶任氏

山東鄉試第二十九名 會試第二百四十八名

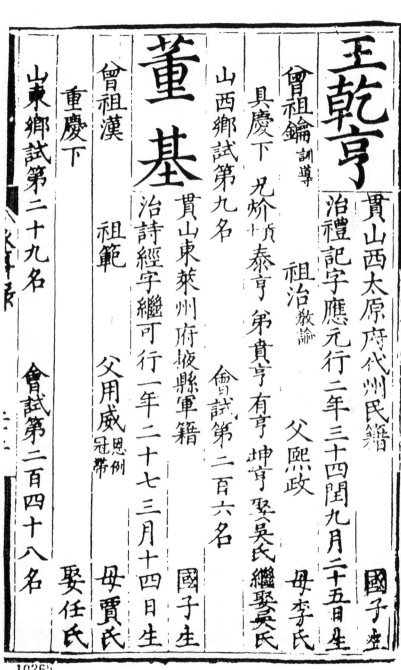

尤錫類　貫直隸蘇州府長洲縣民籍　國子生

治易經字孝徵行一年三十五四月初三日生

曾祖楠　祖紹烈　父至恒　母顧氏

慈侍下　弟錫範　錫綺　娶盧氏

應天府鄉試第七十八名　會試第四十三名

衛一鳳　貫山西澤州陽城縣民籍　國子生

治易經字伯瑞行一年三十一六月初六日生

曾祖繼高　祖雷　父夔省祭官　母路氏

具慶下　娶楊氏

山西鄉試第五十三名　會試第二百二十一名

蕭良譽 貫湖廣漢陽府漢陽縣民籍 國子生

治易經字以孚行六年二十五十一月二十四日生

曾祖樂寧 祖珊 父達州同知 母戴氏

具慶下 兄良有同科進士 娶黃氏

湖廣鄉試第七十二名 會試第六十名

邵伯悌 貫江西廣信府貴溪縣民籍 縣學生

治易經字本敬行一百八十九年三十十一月二十六日生

曾祖鼎 祖秀縣丞 父弘文 前母倪氏 母陳氏 生母雲氏

永感下 兄伯啓 伯性 賢孫 伯愼 伯恂 伯懷 伯通 伯達 娶江氏

江西鄉試第五十三名 會試第七十三名

第三甲二百四十二名

賜同進士出身

貫直隸大名府南樂縣民籍 國子生

魏允中 治書經字懋權行二年三十五十一月初五日生

曾祖泰 祖經 父怡府同判 前母王氏 母楊氏贈孺人

嚴侍下 兄允貞府推官 弟允孚府推官 娶孟氏

順天府鄉試第一名 會試第三名

吳嶽秀

貫直隸安慶府懷寧縣民籍 國子生

治易經字幼鍾行一年三十一十二月二十三日生

曾祖綱 祖錦 父宗周南京戶部主事 母劉氏

慈侍下 娶龍氏

應天府鄉試第一百十六名 會試第二百九十名

鄒龍光

貫直隸蘇州府長洲縣民籍常州府無錫縣人 國子生

治書經字彥爲行二年三十三十月十一日生

曾祖鉦引禮舍人 祖子進府同知 父懋昭知縣 母華氏

具慶下 兄謙光 弟近光 坤光工部郎中 覲光 鳳光 耿光監生 道光 娶吳氏

應天府鄉試第七十名 會試第三十一名

劉任 貫河南汝寧府光州商城縣民籍 國子生

治詩經字體仁行三年二十九十一月二十八日生

曾祖本 祖凰儒官 父季陽 母張氏

永感下 兄行 復 娶彭氏

河南鄉試第三十四名 會試第二百六十二名

林士弘 貫福建漳州府漳浦縣民籍 國子生

治詩經字仁甫行一年三十八二月初三日生

曾祖祥 祖廷臣訓導封知府 父功懋按察司按察使 母涂氏封恭人

永感下 兄楚府通判 士章禮部右侍郎兼翰林院侍讀學士 弟士弼監生 士旂貢士 娶吳氏

福建鄉試第十九名 會試第二百二十九名

孫愈賢 貫雲南大理衛旗籍浙江溫州府永嘉縣人 府學附學生

治書經字可聖行一年二十八七月十三日生

曾祖英 祖玉 父文浩 恩例冠帶 母王氏

具慶下 弟愈良 愈恭 愈儉 愈讓 娶李氏

雲南鄉試第十名 會試第二百八十名

塗時相 貫雲南臨安衛軍籍湖廣辰州府沅州人 湖廣醴陵縣學訓導

治易經字明輔行五年三十二四月十五日生

曾祖全 祖永通 父寧 前母萬氏 母李氏

永感下 兄時泰 時升 時遇 時晉 娶陳氏

雲南鄉試第四十一名 會試第一百三十七名

蔡系周　貫湖廣岳州府華容縣民籍　國子生

治書經字伯子行一年二十七正月二十九日生

曾祖玉實教諭　祖昇　父以通歲貢生　母黃氏

具慶下　弟偁周　縈周　恭周　娶卜馬氏

湖廣鄉試第六十一名　會試第二十五名

向東　貫浙江寧波府慈谿縣民籍　國子生

治詩經字紹明行一年三十三四月初三日生

曾祖堂　祖金贈大理寺評事　父洪邁布政左參議　母陸氏封孺人　繼母包氏

慈侍下　兄椿　梗　橞　稑教諭　程按察司副使　弟蘇　楫貢士　禾　娶葉氏

浙江鄉試第六十三名　會試第一百八名

張喬松 貫江西臨江府新喻縣民籍 國子生
治詩經字爾操行八年三十八五月初三日生
曾祖世傑 祖乾載 父從德壽官 母黃氏 繼母羅氏
具慶下 弟喬栢 喬槐 娶傅氏
江西鄉試第二十名 會試第一百三十三名

褚九皐 貫直隸蘇州府長洲縣民籍 國子生
治易經字聞遠行三年三十四八月初八日生
曾祖瑄 祖祥 父曜 母譚氏
慈侍下 兄九苞 九逵 娶吳氏
應天府鄉試第八十三名 會試第二百二名

劉如寵　貫湖廣黃州府蘄州軍籍　州學生

治書經字介卿行三年二十六三月十二日生

曾祖鎮　祖廷輔省祭　父我　母鄧氏

具慶下　兄如龍　如尚　弟如竟　如芳　如至　如璽　如冀　娶張氏

湖廣鄉試第十九名　會試第二百六十名

吳獻台　貫福建延平府南平縣匠籍　國子生

治詩經字啓衮行三年三十三十月初七日生

曾祖彰善　祖正誼　父三畏府同知　母程氏

嚴侍下　兄獻文　道立知州　獻策　獻元　弟獻陛　娶林氏

福建鄉試第十四名　會試第二十二名

張後甲

貫南京鷹揚衛官籍應天府人 府學附學生

治詩經字丁邀行二年二十八九月初十日生

曾祖彪指揮 祖重指揮 父維指揮 母朱氏封淑人

永感下 兄先甲指揮 娶李氏 繼娶陳氏

應天府鄉試第七名 會試第二百二十二名

項復弘

貫浙江台州府臨海縣民籍 府學生

治詩經字惟重行四年二十六正月初四日生

曾祖匡南京太常寺博士 祖廉累贈中憲大夫知府 父思敬按察司副使 母朱氏累封恭人

重慶下 兄復曾 復卿 弟復良 復泰 復愿 復愨 復彝 娶應氏

浙江鄉試第六十三名 會試第二百三十二名

蔡昇　貫福建漳州府漳浦縣民籍　國子生
治詩經字弘晉行二年二十五八月二十五日生
曾祖子聰　祖世振　父伯誠　母鄭氏
慈侍下　兄弘耀　弘照　弘敎　弘敬[illegible]貢士　弘烱　弟默　娶莊氏
福建鄉試第九名　會試第九十七名

楊其休　貫山東濟南府青城縣軍籍　縣學生
治書經字振孫行一年三十十一月初三日生
曾祖倫知縣　祖獻章教諭　父若山儒官　母酈氏　繼母成氏　王氏　李氏
嚴侍下　弟其榮　其烈　其華　其貴　其譽　其波　其光　娶史氏
山東鄉試第十二名　會試第四十七名

張有德 貫河南開封府祥符縣民籍 國子生
治詩經字道修行二年三十一十二月初八日生
曾祖誠 祖繼先 父恩 府同知 前母陳氏 母胡氏
慈侍下 兄令德 弟同德 貢士 娶李氏
河南鄉試第七十三名 會試第二百四十三名

穆來輔 貫陝西寧夏中屯衛軍籍興平縣人 國子生
治書經字誨之行二年三十二正月十三日生
曾祖成 祖彥文 壽官 父景葵 母楊氏
永感下 兄來朝 娶張氏 繼娶趙氏
陝西鄉試第四十一名 會試第二百三十五名

王守素 貫應天府溧水縣軍籍 國子生
治易經字德孚行二年二十九十二月十九日生
曾祖綾 祖像 父鼎 母趙氏
嚴侍下 兄守業 娶武氏
應天府鄉試第七名 會試第一百五十名

秦大夔 貫山東東昌府臨清州軍籍直隸蘇州府吳縣人 府學增廣生
治禮記字舜卿行三年二十八十月十一日生
曾祖夢和 祖富 父相 母王氏 生母宋氏
慈侍下 兄大藩散官 大蘊 娶李氏
山東鄉試第五名 會試第二百九十三名

龍膺

貫湖廣常德府武陵縣軍籍　縣學生

治易經字君善行七年二十一三月十八日

曾祖珣 贈南京兵部主事　祖翔霄 知府進階中議大夫資治尹　父德孚 貢士　母唐氏

具慶下　兄章　言 貢士　卞　亮　襄　立　弟宁　娶唐氏

湖廣鄉試第六十八名　會試第九十名

王嗣美

貫陝西西安府朝邑縣軍籍　國子生

治易經字實之行四年二十八四月十五日生

曾祖朝雍 按察司僉事　祖三省 知府　父時 知縣　母郭氏

具慶下　兄嗣初　嗣中　嗣蕃 貢士　弟嗣盛　娶郝氏

陝西鄉試第十六名　會試第二百二十五名

錢樌

貫浙江紹興府會稽縣民籍山陰縣人 縣學增廣生

治易經字仲美行十四年二十七十月十五日生

曾祖奎 祖文昂 父唐 母孫氏

具慶下 兄相 棟省祭 柱 桂 弟梧 娶馮氏

浙江鄉試第五十名 會試第二百五十二名

李之用

貫湖廣黃州府黃岡縣民籍 江西臨江府學訓導

治易經字賓卿行一年三十六十月二十三日生

曾祖森壽官 祖勢中 父田 母宋氏

慈侍下 弟之周 之問 娶梅氏

湖廣鄉試第四十二名 會試第一百六十三名

王道增

貫河南潁川衛官籍直隸潁州人　學生

治易經字益甫行三年二十八十一月十八日生

曾祖賓　祖銳　父澍　母楊氏

慈侍下　兄道行　道得　弟道方　道成　道立　娶段氏

河南鄉試第二名　會試第一百四十三名

董元學

貫山東濟南府歷城縣匠籍　縣學生

治易經字汝覺行二年二十七六月十八日生

曾祖駿教諭　祖策學正　父天池省祭官　母趙氏

具慶下　兄惟學　弟問學　娶孫氏　繼娶袁氏

山東鄉試第十三名　會試第一百四名

吳宗熹 貫福建漳州府南靖縣民籍漳浦縣人 縣學附學生

治詩經字伯焜行一年二十三月十七日生

曾祖齡 祖悌 太常寺博士 父一泗 母許氏

具慶下 兄宗審 宗稷 宗鄴 宗欽 宗燁 宗藏 宗斐 宗孝 宗寶 宗鄒 宗蘇 宗韋 宗寧 宗履 弟宗楷 宗照 宗戩 宗存 宗熙 娶胡氏

福建鄉試第五十六名 會試第七名

彭國光 貫江西九江府德化縣民籍 國子生

治詩經字用卿行三年三十十一月初三日生

曾祖道澳 祖守仁 父舉 典史 母艾氏

慈侍下 兄國賓 國臣 弟國明 國泰 娶王氏 繼娶黃氏

江西鄉試第六十名 會試第一百五十五名

周友程 貫直隸真定府冀州南宮縣民籍 府學生
治詩經字明昆行一年二十七九月初五日生
曾祖通 祖志道 敎諭 父一樂 母高氏
具慶下 弟友張 娶李氏 繼娶盧氏
順天府鄉試第二十四名 會試第一百三十一名

苑時葵 貫順天府通州寶坻縣民籍 國子生
治書經字向卿行一年三十四月初六日生
曾祖禮 祖章 封奉政大夫南京刑部郎中 父因 母許氏 繼母張氏
永感下 兄時茂 監生 時蕃 貢士 時芳 監生 弟時藎 時華 儒士 時薦 娶李氏
順天府鄉試第七十六名 會試第六十四名

王希曾 貫直隸安慶府懷寧縣民籍 國子生

治易經字道宗行一年三十三十一月初二日生

曾祖鐸 祖國瑞 父語 省祭官 母許氏

具慶下 弟希周 娶倪氏

應天府鄉試第一百二十四名 會試第九十五名

徐元 貫河南開封府杞縣民籍 國子生

治詩經字善良行一年三十一十二月初六日生

曾祖周 祖逵 贈文林郎知縣 父鳴鶴 知縣 母李氏 封孺人

具慶下 弟允 亢 冕 尤 寬 娶左氏

河南鄉試第三十七名 會試第二百六十八名

凌嗣音

貫浙江湖州府烏程縣民籍 國子生

治詩經字孟昭行一年三十一二月初一日生

曾祖雯 祖縉 父雅 母崔氏

嚴侍下 兄嗣功 嗣學 弟嗣章 夢熊 承芳 泣初 璘奇 沭初 漢初 允修 娶黃氏

浙江鄉試第五十二名 會試第一百五十二名

閻士選

貫直隸揚州府江都縣民籍陝西延安府綏德州人 縣學生

治禮記字儁甫行三年二十七十二月二十八日生

曾祖琮 縣主簿 祖金 王府典寶 父九惪 府照磨 母馬氏

重慶下 兄士遊 禮部儒士 士遇 弟士聰 監生 士逑 士達 士進 士適 士遠 士亮 士兆 士悅 士廣 娶席氏

應天府鄉試第五名 會試第四名

劉羽國 貫河南南陽府唐縣民籍 國子生

治書經字辰熙行一年二十五三月十三日生

曾祖寬 祖虎 父堅壽官 母王氏

具慶下 娶沈氏

河南鄉試第十八名 會試第一百九十一名

閔世翔 貫浙江湖州府烏程縣軍籍 府學生

治詩經字仲升行二年三十一三月十二日生

曾祖蕙贈通議大夫刑部右侍郎兼翰林院侍讀學士 祖如霖資政大夫南京禮部尚書贈太子少保 父道鳴貢士 母沈氏

慈侍下 凡一范同科進士 世鷟左府都事 世龍 弟世躍 世緋 世南 世冊 世楨俱監生 世蓋 娶施氏

浙江鄉試第三十二名 會試第一百三十八名

洪有復 貫福建泉州府南安縣軍籍 國子生
治易經字懋純行四年三十一九月二十日生
曾祖昕 義官 祖宙 父庭蘭 母李氏 繼母朱氏
具慶下 兄有恒 有斐 有第 知縣 弟有臨 有嚴 有聲 知州 節 篤 寅 孚 濟 娶郭氏 繼娶黃氏
福建鄉試第二十一名 會試第五十七名

徐桓 貫浙江紹興府會稽縣民籍山陰縣人 國子生
治詩經字國武行一年二十七正月十八日生
曾祖鎧 祖恕 壽官 父敬 嫡母劉氏 生母馮氏
慈侍下 兄松 栢 弟枝 楹 櫺 娶王氏
浙江鄉試第七十名 會試第一百八十四名

褚棟

貫直隷常州府武進縣民籍宜興縣人 國子生

治詩經字伯隆行三年三十五十月二十八日生

曾祖鏞 祖圭壽官 父京省祭官 母秦氏

永感下 兄楷 弟梁 國祥同科進士 國梁 國賢貢士 娶須氏

應天府鄉試第八十一名 會試第二百名

鄧炳

貫湖廣荊州府監利縣軍籍 國子生

治詩經字其文行一年三十正月十二日生

曾祖善緣壽官 祖漢 父廷舉 母楊氏

具慶下 娶呂氏

湖廣鄉試第三十四名 會試第一百六十四名

李天麟

貫牧馬千戶所軍籍山東濟南府武定州人　府學生

治詩經字仲仁行二年二十六四月二十九日生

曾祖紳　祖銘　父程崑州吏目　母于氏　繼母唐氏

具慶下　兄天麒鑄印局副使　弟天鳳　娶楊氏　繼娶王氏

順天府鄉試第一百名　會試第一百五名

李正蒙

貫浙江處州府縉雲縣民籍　國子生

治易經字汝明行百六年三十四五月二十九日生

曾祖長戶科給事中　祖珉府通判　父陽泰知縣　母鄭氏

嚴侍下　弟正平　正容　正員　正文　正開　正新　正祥　娶陳氏

浙江鄉試第八十名　會試第二百二十八名

劉卿 貫陜西漢中府金州民籍 國子生

治詩經字德懋行一年三十三十一月初五日生

曾祖承恩 祖榮 父進孝 母勞氏

慈侍下 弟祿 娶楊氏

陜西鄉試第四十三名 會試第二百八十六名

沈子來 貫浙江湖州府歸安縣民籍 國子生

治詩經字汝脩行三年三十三正月初一日生

曾祖玭 祖鏊 父應登 府通判累封按察司副使 前母朱氏 累贈恭人 母陸氏 累封恭人

嚴侍下 兄子梅 子棼 子模 子木 按察司按察使 子禾 子桴 子懋 子來 子麓 子泉 娶張氏

浙江鄉試第五十八名 會試第六十六名

柯挺

貫福建漳州府海澄縣民籍　國子生

治詩經字以拔行一年三十三十二月初五日生

曾祖寵仁壽官　祖德顒壽官　父喬清　母李氏

慈侍下　兄安甫武進士　娶黃氏

順天府鄉試第一名　會試第四十六名

蔡琮

貫福建漳州府漳浦縣民籍　國子生

治詩經字應崑行一年二十七十二月十二日生

曾祖文達　祖子與　父旋　母陳氏

具慶下　弟瑰　珩　璜　娶陳氏

福建鄉試第六十六名　會試第一百四十九名

文德 貫四川重慶府涪州民籍 國子生

治易經字修甫行三年三十十二月三十日生

曾祖玉 教諭 祖行 照磨贈文林郎知縣 父羽麟 知州 母劉氏 封孺人

具慶下 兄達 建 交 作布政司 羽生 中歲貢 週 迴 起 達 命 弟海 傳 淵 儒 俊 物 錦 爲 娶羅氏

四川鄉試第四十名 會試第一百九十五名

陳惟芝 貫河南河南府孟津縣民籍 縣學生

治易經字德禎行一年二十五二月二十四日生

曾祖貫 祖天秩 父頴 母雷氏

具慶下 弟惟蘭 娶樊氏 繼娶馬氏 李氏

河南鄉試第二十六名 會試第二百九十六名

王錀 貫山西太原府忻州民籍 國子生

治書經字文啓行一年二十七五月初七日生

曾祖謙 祖漢臣 父應官壽官 母程氏 繼母程氏

具慶下 兄鑽 鈋 弟鏞 娶郜氏

山西鄉試第二十二名 會試第二百七十一名

徐伸 貫直隸河間府景州民籍 國子生

治詩經字允達行一年二十七五月二十日生

曾祖泰 祖學道南京兵馬指揮 父一鳳 母高氏 繼母劉氏

具慶下 弟傑 俊 仕 娶姜氏

順天府鄉試第一百二名 會試第二百六十六名

莫揚

貫浙江湖州府安吉州軍籍　國子生

治易經字子充行三年三十三十一月二十五日生

曾祖祥壽官　祖禮壽官贈奉直大夫　父讚知州進階奉議大夫　前母沈氏贈宜人　母閔氏封宜人　繼母劉氏

永感下　兄同　異　弟抑　娶閔氏

順天府鄉試第五十七名　會試第一百一名

霍從教

貫山東濟南府德州平原縣民籍　國子生

治詩經字汝似行一年三十二正月初四日生

曾祖欽庫大使　祖隆　父仲光監生　母王氏

嚴侍下　弟從訓　從正　娶李氏

山東鄉試第六十九名　會試第二百七十八名

喬因羽　貫陝西西安府耀州軍籍　州學生

治書經字思儀行一年四十九七月初七日生

曾祖志玉　祖仲節（封主事）　父世寧（按察使贈通議大夫）　母宋氏（封安人贈淑人）　繼母魚氏（封太淑人）

慈侍下　弟因阜（太僕寺少卿）　娶楊氏　繼娶許氏

陝西鄉試第三十名　會試第二百八十八名

陳石卿　貫福建漳州府海澄縣軍籍　國子生

治易經字大忠行三年三十二七月初七日生

曾祖廷耀　祖漢恢　父詔　母林氏

具慶下　兄大策　大謇　大敬（訓導）　大順（州同知）　應和　書卿　寫卿　友卿　弟映（同科進士）　重卿　娶郭氏

福建鄉試第七十九名　會試第六十八名

汪可受

貫湖廣黃州府蘄州黃梅縣民籍　縣學生

治詩經字以虛行二年二十二五月初三日生

曾祖淮　祖木壽官　父勳　母商氏　繼母袁氏

具慶下　兄可久　可順　可大　可觀　可容　可澤　弟可新　娶胡氏

湖廣鄉試第八十二名　會試第五十六名

高芳

貫河南南陽府裕州葉縣民籍　國子生

治春秋字孟遠行二年二十四五月二十八日生

曾祖蘭　祖堂　父士表州判壽官　前母董氏　母王氏　繼母王氏

具慶下　兄朴　弟芬　莊　娶焦氏　繼娶劉氏

河南鄉試第五十三名　會試第二百三十九名

10297

葉隆光　貫直隸安慶府懷寧縣籍安慶衛人　縣學生
治易經字治卿行二年二十七四月十三日生
曾祖富　祖春　父槐七品散官　母俞氏
重慶下　兄重光　弟寵光　承光　娶胡氏
應天府鄉試第一百二十七名　會試第一百八十二名

梁宜生　貫山東兗州府濟寧州鄆城縣軍籍　縣學生
治易經字際元行二年二十八十二月十五日生
曾祖玠知縣　祖昆　父士毅　母童氏
重慶下　兄宗孔　敏生　弟好生　觀生　安生　道生　譽生　遂生　娶孔氏
山東鄉試第六十一名　會試第一百四十八名

史嘉言　貫河南河南衛官籍直隷鳳陽府泗州天長縣人　國子生

治易經字指遠行一年二十八六月二十九日生

曾祖林　祖文貴封文林郎臨城縣知縣　父官知府　母白氏封孺人　繼母王氏封孺人

重慶下　弟嘉言　娶劉氏

河南鄉試第七名　會試第二百七十名

劉應龍　貫湖廣寶慶府邵陽縣民籍　國子生

治書經字文見行二年三十二正月二十二日生

曾祖進知縣　祖本宗壽官　父鏊府通判　嫡母孫氏　生母陳氏

慈侍下　兄應壁　弟應箕　娶汪氏　繼娶盧氏

湖廣鄉試第八十九名　會試第一百五十九名

邢雲路 貫直隸保定府安肅縣民籍 國子生

治書經字士登行一年三十二十月十三日生

曾祖惠 訓導 祖簡 父來岐 壽官 母李氏

具慶下 兄一元 雲府 娶國氏

順天府鄉試第四十五名 會試第二百二十二名

劉煥 貫河南歸德府睢州民籍 國子生

治書經字文華行二年三十十一月初十日生

曾祖鋼 [illegible] 祖淵 [illegible] 父一陽 母柳氏 繼母厂氏

嚴侍下 兄登元 錦 炳 焯 燧 娶杜氏 繼娶滑氏

河南鄉試第四十六名 會試第二百五十五名

李汝相

貫山東濟南府臨邑縣軍籍　國子生

治詩經字希説行五年三十二七月初二日生

曾祖銘　祖訪　父國禎　前母米氏　母崔氏

慈侍下　兄汝梅　汝松　汝櫻　汝杜　娶王氏　繼娶張氏

山東鄉試第五十七名　會試第三十五名

胡旦

貫浙江紹興府餘姚縣軍籍　國子生

治書經字稺明行九年三十五九月二十七日生

曾祖禮　祖暉（封南京刑部主事階都察院右僉都御史）　父東皐（都察院右僉都御史）　前母孫氏（贈恭人）　母陳氏（封恭人）

慈侍下　兄亘　晝　宣　暨　亶　翌（[illegible]）　坦　萱　娶李氏　繼娶吳氏

浙江鄉試第七十六名　會試第九十三名

陳經濟 貫河南開封府禹州民籍 國子生

治書經字獻明行一年二十七二月十九日生

曾祖永 祖信壽官 父詩訓導 母徐氏

具慶下 弟經常 娶楊氏 繼娶孫氏

河南鄉試第三十五名 會試第一百六十二名

鍾羽正 貫山東青州府益都縣軍籍 國子生

治詩經字淑濂行一年二十五十月初八日生

曾祖子鑑聽選官 祖秀知縣 父洲 母石氏

重慶下 弟羽經 羽敎 羽綱 羽紀 娶劉氏

山東鄉試第二名 會試第四十九名

劉元霖 貫直隸河間府任丘縣軍籍 縣學生

治書經字元澤行二年二十五六月初十日生

曾祖璟 祖棻贈户部郎中 父勅按察司僉事 母章氏[illegible]

具慶下 兄元震[illegible] 元翰 元泰 弟元會 元沖 娶李氏 繼娶張氏

順天府鄉試第二十一名 會試第七十一名

馬維銘 貫浙江嘉興府平湖縣軍籍 縣學增廣生

治書經字新甫行二年二十五十月十六日生

曾祖文典史 祖瑀贈南京兵部主事 父千里 母楊氏

具慶下 兄維鉉 弟維金監生 娶黃氏

浙江鄉試第八十三名 會試第二百八名

陸懋龍　貫浙江寧波府鄞縣軍籍　國子生
治易經字啓原行七年三十三六月初三日生
曾祖偉　祖鐵王府典膳　父滴州同知　母屠氏　生母葉氏
永感下　兄攀龍貢士　槐龍　相龍　如龍　紹曾　和龍　夢龍　桂龍　娶鄭氏　繼娶鄭氏
浙江鄉試第六名　會試第一百二十四名

江宗棐　貫四川順慶府廣安州大竹縣民籍　國子生
治春秋字叔忠行二年二十六十一月初六日生
曾祖永吉監察御史　祖萬玉知縣　父溼訓導　母陳氏
具慶下　兄宗棐　果　宋　柴　梁　朱歲貢生　葉　娶張氏
四川鄉試第四名　會試第二百八十三名

王慎德 貫浙江嘉興府嘉善縣民籍 縣學生
治書經字元明行一年二十九九月十八日生
曾祖孟璿 祖宥 父訪 母張氏
具慶下 兄袞 弟恒德 懷德 娶黃氏
浙江鄉試第七十六名 會試第一百十九名

高薦 貫河南懷慶衛軍籍 國子生
治詩經字應詔行二年二十八正月初二日生
曾祖和 祖越 父軒壽官 母丘氏
具慶下 兄舉 娶盛氏
河南鄉試第六十五名 會試第二百五十一名

辛志登 貫陝西西安府耀州軍籍 國子生

治詩經字士先行二年二十五十一月二十四日生

曾祖錦（知縣贈僉事） 祖珍（按察司僉事） 父汶 嫡母惠氏 生母陳氏

具慶下 兄志道 娶王氏

陝西鄉試第二十八名 會試第六十九名

徐自興 貫江西南昌府進賢縣民籍 國子生

治易經字汝傑行一年二十五八月三十日生

曾祖天爵 祖廷祥 父煥 母羅氏

具慶下 弟自新 自省 自勝 自成 自道 自獻 娶吳氏

江西鄉試第十二名 會試第一百二十九名

劉汝立

貫山東東昌府濮州軍籍　國子生

治易經字學禮行一年二十八二月初八日生

曾祖瑛　祖潔(省祭官)　父繼祖(義官)　母孫氏

慈侍下　弟汝章　娶許氏

山東鄉試第三十二名　會試第二百八十七名

饒位

貫江西南昌府進賢縣民籍　縣學生

治詩經字廷立行九年二十七十月十九日生

曾祖桂　祖纁　父汝楫　母劉氏

重慶下　弟任　儒　佑　伸(貢士)　傅　倬　徽　娶劉氏

江西鄉試第一名　會試第三十二名

周孔教

貫江西撫州府臨川縣民籍　國子生
治詩經字明行行三年二十七六月十五日生
曾祖興祖　祖貴　父養元 壽官　母陸氏
具慶下　兄孔敬　弟孔孜　娶顏氏
江西鄉試第九十一名　會試第三十八名

黃紀賢

貫四川嘉定州榮縣竈籍　國子生
治詩經字常甫行二年三十一十月二十一日生
曾祖甲　祖鑾 知縣　父升　母曹氏　繼母苗氏
具慶下　兄純賢　弟紕賢　紇賢　娶王氏
四川鄉試第五十五名　會試第二百九十一名

謝時泰

貫江西吉安府安福縣民籍　河南河陰縣學教諭

治春秋字汝亨行五年三十一三月十三日生

曾祖國貫王府紀善　祖德弘　父文甫　母劉氏

慈侍下　兄時春　娶歐陽氏

江西鄉試第四十六名　會試第一百二十六名

吳禮嘉

貫浙江寧波府鄞縣民籍　縣學生

治易經字會之行一年二十九六月初五日生

曾祖讃　祖淵七品散官　父楠　母金氏

具慶下　兄禮賓　禮實　禮寀　弟禮文　禮行　禮安　禮書　禮信　娶李氏　繼娶陳氏

浙江鄉試第五十六名　會試第八十三名

周應治

貫浙江寧波府鄞縣民籍　縣學增廣生

治易經字君衡行十年二十五七月初二日生

曾祖諾　祖觀　父國華　母徐氏

重慶下　兄應岐生員應賓生員弟應浩應淮應泗應洛應潦應洧　娶李氏

浙江鄉試第七十五名　會試第一百六十名

蔡逢時

貫直隸寧國府宣城縣匠籍　府學附學生

治詩經字應期行二年二十七四月二十八日生

曾祖敏　祖銓　父洪　母梅氏

永感下　兄逢春　弟逢暘　娶孫氏

應天府鄉試第四十一名　會試第二百十四名

周班爵

貫山東濟南府濱州霑化縣民籍 國子生

治易經字錫卿行一年二十四二月初五日生

曾祖耀 祖濟壽官 父廌珍今歲貢生 母宋氏

慈侍下 弟王祿 娶丁氏

山東鄉試第五十九名 會試第六十二名

丘汝材

貫福建漳州府漳浦縣軍籍 縣學生

治詩經字德甫行一年二十八十一月二十七日生

曾祖亨 祖開 父時庸府通判 前母李氏 母程氏 繼母程氏

慈侍下 兄鳳騰貢士 汝植貢士 弟汝楫 汝柱 汝杠 汝樵 娶程氏

福建鄉試第六十名 會試第一百八十一名

孫一俊

貫浙江湖州府長興縣民籍　國子生

治易經字應章行一年三十九月二十八日生

曾祖湘　祖鑰　父鵬　前母張氏　母李氏

具慶下　弟一偉　娶毛氏

應天府鄉試第一百四十三名　會試第二百四十二名

王象蒙

貫山東濟南府新城縣匠籍　國子生

治詩經字子正行三年二十九正月十五日生

曾祖麟庠教授累贈通議大夫都察院右副都御史　祖重光布政司左參議累贈通議大夫都察院右副都御史　父之輔府同知　母于氏封安人

重慶下　兄象乾[illegible]象坤[illegible]副使　弟象泰[illegible]象[illegible]象[illegible]象和[illegible]象節[illegible]象賀[illegible]象[illegible][illegible]民

山東鄉試第二名　會試第四十四名

臧懋循 貫浙江湖州府長興縣民籍 國子生

治禮記字晉叔行三年二十七二月初十日生

曾祖維(封禮部主事) 祖應奎(光祿寺署丞 贈工部郎中) 父繼芳(按察司副使) 母吳氏(封安人) 生母丁氏

永感下 兄懋宗 懋德 懋衡 懋寅(監生) 懋中 懋和(監生) 懋完 娶吳氏

浙江鄉試第二十七名 會試第三十六名

劉之龍 貫四川敘州府富順縣民籍 縣學生

治詩經字起潛行一年二十四十一月三十日生

曾祖用中(按察司副使) 祖悰 父承諫 母鄧氏 繼母吳氏

重慶下 兄之麟 弟之鳳 之台 之藩 之輔 之祚 之卨 娶熊氏

四川鄉試第十九名 會試第二百二十名

邵以仁

貫貴州普安衛軍籍應天府上元縣人　國子生

治春秋字純甫行二年三十二九月初四日生

曾祖昇(贈文林郎知縣)　祖言　父元高(府同知)　母唐氏

具慶下　兄以道(貢士)　弟以從 以謙 以脩 以岳 以默 以讓 以松　娶徐氏

貴州鄉試第二十二名　會試第二百六十九名

游應龍

貫福建興化縣莆田縣軍籍　國子生

治書經字廷從行三年三十三月初四日生

曾祖孟琰　祖訓　父義程　母黃氏　繼母溫氏 陳氏

具慶下　兄三德　弟應鶚(省祭官)　應鵬　娶黃氏

順天府鄉試第二名　會試第五十四名

袁奎 貫江西南昌府豐城縣軍籍 國子生

治易經字文卿行六年二十九九月初八日生

曾祖邦孚 祖伯尹 父國選 母熊氏

重慶下 弟懋渠 懋爵 懋太 懋祿 娶章氏 繼娶劉氏

江西鄉試第五十六名 會試第三百名

李元吉 貫陝西西安府同州民籍 國子生

治春秋字允卿行三年二十四正月初三日生

曾祖執 祖織(封戶部主事) 父敎(知府) 嫡母師氏 繼母周氏(封安人) 生母趙氏

慈侍下 兄修吉(貢士) 貞吉 弟承吉 復吉 延吉 永吉 娶喬氏

陝西鄉試第三十五名 會試第一百名

姜夢龍 貫浙江湖州府德清縣民籍杭州府仁和縣人 國子生
治易經字中甫行一年二十九十月初七日生
曾祖萃 祖大經 父文元 母徐氏
具慶下 弟見龍 應龍 化龍 娶祝氏
浙江鄉試第八十八名 會試第一百二十一名

詹思虞 貫浙江衢州府常山縣民籍 國子生
治易經字惟業行三年三十一三月十三日生
曾祖英 祖紳知縣 父需亨兵馬指揮 嫡母江氏封孺人 生母張氏
慈侍下 兄佳達 思堯監生 尚義監生 佳佐監生 思湯 獻歲貢 義士 弟思謙庠生 在泮庠生 思君 思安 思戒 思襄 娶鄭氏
浙江鄉試第八十名 會試第七十八名

沈徽焞 貫浙江湖州府歸安縣民籍 國子生

治詩經字仲亨行二年二十六二月二十五日生

曾祖鏊 祖應登府通判累封按察司副使 父子木按察司按察使 母吳氏累封太淑人

重慶下 兄徽煒 徽炤監生 徽焯 徽炌 徽燁 徽炫 徽烶 娶陳氏

浙江鄉試第五十七名 會試第一百三十六名

祝大舟 貫浙江金華府蘭谿縣民籍 國子生

治易經字濟之行一年二十九三月十九日生

曾祖滔 祖栢 父虎 母徐氏 繼母陳氏

具慶下 弟大輅 娶徐氏 繼娶黃氏 陳氏

浙江鄉試第四十七名 會試第六十五名

龔仲慶 貫湖廣荊州府公安縣民籍 縣學生

治書經字惟長行四年三十一三月初九日生

曾祖永禔 祖如鑾（封刑部主事 贈按察司副使） 父大器（布政司參政） 母趙氏（累封恭人）

具慶下 兄仲穩 仲策 仲純（監生） 仲元 仲敏（貢士） 弟仲興 仲思 仲棟 仲安 仲絲 娶陳氏

湖廣鄉試第三名 會試第三十九名

林廷陛 貫福建興化府莆田縣軍籍 國子生

治書經字彥賓行六年三十四四月二十八日生

曾祖彌著 祖思敬（贈承德郎南京戶部主事） 父汝永（致仕進階嘉議大夫） 母陳氏（封安人）

永感下 兄廷訓 廷謨 廷幹 廷璽 廷重 廷秩 弟廷輔 廷穆 廷陳 廷壁 娶陳氏

福建鄉試第二十八名 會試第一百三十名

郭萬里

貫山西平陽府太平縣民籍　國子生

治易經字雲程行一年三十四八月二十日生

曾祖寶縣丞　祖九齡縣主簿　父如山　母衛氏

具慶下　弟萬方　萬卷　娶李氏

山西鄉試第三十七名　會試第二百三十一名

陳紹功

貫福建泉州府晉江縣軍籍　縣學附學生

治書經字及卿行三年二十九九月二十日生

曾祖溢　祖宴教官　父露同知府知　母王氏　生母莊氏

慈侍下　兄用賓監察御史　鳴治　紹文　紹學　弟用寅　鳴華貢士　鳴熙貢士　紹雅　紹志　紹慶　紹業　娶何氏　繼娶鄭氏

福建鄉試第四十一名　會試第五十名

柳希點

貫浙江金華府蘭谿縣民籍 國子生
治易經字汝志行二年二十八正月初二日生
曾祖聰 祖呈 父泙 母章氏
具慶下 兄希望 娶王氏
浙江鄉試第六十六名 會試第二百十九名

孫瑀

貫湖廣漢陽府漢陽縣民籍 國子生
治詩經字子章行四年三十七六月二十二日生
曾祖貴武 祖鑌 父永志 前母曾氏 母熊氏
永感下 兄珽 瑞歲貢生 琮 娶尹氏
湖廣鄉試第十八名 會試第二百十八名

朱朝聘

貫山東東昌府臨清州民籍直隸徽州府歙縣人 國子生

治易經字希尹行一年二十八十二月十三日生

曾祖忠 祖選監生 父萬年儒官 母喻氏

慈侍下 弟朝相 朝勲 朝輔 朝貢 朝臣 朝寵 朝士 娶鮑氏

山東鄉試第十名 會試第二百五十九名

左之宜

貫山東登州府萊陽縣民籍 國子生

治詩經字用善行一年二十八二月十四日生

曾祖方 祖文昇壽官 父英 母董氏 繼母劉氏

嚴侍下 弟之龍貢士 之有 之藩 之楨 之似 之紀 之選 之禎 之完 之洪 娶宋氏 繼娶趙氏

山東鄉試第六十七名 會試第一百五十七名

張肇 貫直隸鎮江府丹陽縣民籍 縣學附學生
治書經字子基行二年三十三十一月二十九日生
曾祖暖 祖璉 父錫 母蔡氏
慈侍下 兄允中弟恭中協中美中時中致中思中粹中裕中執中 娶袁氏
應天府鄉試第五十八名 會試第二百四名

馮應鳳 貫浙江紹興府山陰縣民籍 國子生
治詩經字邦瑞行四年三十十月十一日生
曾祖晳 祖樟 父煥 母王氏
重慶下 兄應誠弟景隆南京太常寺博士應讓應鵠應諆應麟應騏應鵬應驥應驊 娶黃氏
浙江鄉試第八名 會試第二百三十七名

謝吉卿 貫福建泉州府晉江縣民籍　國子生

治詩經字修之行一年三十二十一月初五日生

曾祖暐　祖繼宗　父允恩　母王氏　繼母蔡氏

具慶下　弟台卿同科進士　娶賴氏

福建鄉試第七十名　會試第五名

王大謨 貫湖廣黃州府廣濟縣軍籍　縣學生

治易經字惟允行五年二十八十一月十二日生

曾祖伯蘭　祖友方　父照　前母李氏　母安氏

慈侍下　兄大邦　大宗　大猷　娶彭氏

湖廣鄉試第六十三名　會試第四十八名

馬朝錫 貫四川成都府新繁縣官籍 國子生
治詩經字晉卿行二年二十九七月十九日生
曾祖銘 祖良輔 父玘 母廖氏
永感下 兄倫千戶 朝立訓導 弟朝御 娶李氏 繼娶勾氏
四川鄉試第四十六名 會試第一百七十四名

呂一鳳 貫山東兗州府東平州軍籍 州學生
治詩經字舜卿行一年二十六六月初七日生
曾祖漢 祖朝陽 父百川 母袁氏
具慶下 弟一麟 一龍 一驥 一蛟 一豸 一鶴 娶尚氏
山東鄉試第四十四名 會試第二百三十四名

謝與思

貫廣東廣州府番禺縣軍籍　府學附學生

治易經字見齊行一年二十二月二十二日生

曾祖文約　祖遵　父元光知州　母王氏封孺人

具慶下　兄天章貢士　嵩貢士　弟與芳　與慈　聘黎氏

廣東鄉試第三十四名　會試第十七名

胡懋忠

貫湖廣承天府景陵縣民籍　縣學增廣生

治易經字良卿行一年二十一正月二十九日生

曾祖昭　祖鳳瑞敎諭　父江　母張氏

具慶下　兄懋霖　弟懋孝　懋廉　懋節　娶沈氏

湖廣鄉試第三十二名　會試第四十名

趙士登 貫直隸寧國府涇縣民籍 國子生
治詩經字應庸行三年二十九十二月二十日生
曾祖定 祖然 父游 母左氏
具慶下 兄士喬 士墳 士譽 弟士發生監 士際生監 士察 士縉 士揆 士澄 士舉 娶洪氏
應天府鄉試第七十七名 會試第二十六名

崔斗瞻 貫河南衛輝府輝縣民籍 縣學生
治禮記字仰之行一年二十八四月十三日生
曾祖璉 祖尚惠 父永吉 前母王氏 母宋氏 繼母王氏 郭氏 常氏
嚴侍下 娶呂氏
河南鄉試第三名 會試第九十六名

沈堯中

貫浙江嘉興府嘉興縣民籍秀水縣人　國子生

治書經字心唐行二年三十四十一月初四日生

曾祖康　祖奎　父武 省祭官　母吳氏

永感下　兄存德　娶陳氏　繼娶龔氏

浙江鄉試第三名　會試第三十四名

張鳴岡

貫江西吉安府萬安縣民籍　國子生

治禮記字治禎行三年三十十月二十九日生

曾祖聰 教諭　祖磊　父尚賢　母賴氏

嚴侍下　兄鳴炳　鳴漢　鳴和　弟鳴淳　鳴松　鳴梧　娶黃氏

江西鄉試第十六名　會試第五十二名

楊位
貫河南汝寧府儀衛司軍籍　府學生
治易經字德輿行二年三十四十二月初八日生
曾祖玘　祖學　父相壽官　母王氏
具慶下　兄价　弟偉　化　儁　娶魏氏
河南鄉試第十七名　會試第一百七十名

江有源
貫直隸太倉衛官籍廬州府無為州人　國子生
治春秋字進卿行一年三十六十月二十九日生
曾祖英指揮僉事　祖山　父天然　母胥氏
慈侍下　弟有聲　有功　有相　有濟　娶徐氏
應天府鄉試第十三名　會試第八十四名

傅崇明

貫河南懷慶衛守禦衛輝千戶所軍籍　國子生

治詩經字子達行一年二十六九月二十四日生

曾祖爵　祖訓　父太　母許氏

慈侍下　娶趙氏

河南鄉試第十六名　會試第二百八十九名

黃淳

貫廣東廣州府新會縣軍籍　國子生

治詩經字叔化行五年三十四二月十一日生

曾祖球　祖正壽官　父繡壽官　母梁氏

永感下　兄孚訓導　孳　學　文星知縣　自性衛經歷　弟厚　娶甘氏

廣東鄉試第二十五名　會試第六十三名

金銓

貫直隸保定中衛軍籍完縣人 國子生

治書經字衡卿行二年二十八三月初一日生

曾祖鵬 義官 祖章 儒官 父山 王府紀膳 母王氏

具慶下 兄鉉 省祭官 青錢 娶劉氏

順天府鄉試第六十二名 會試第二百七十四名

陳載春

貫山東濟南府歷城縣民籍 國子生

治易經字子元行二年二十七十二月初三日生

曾祖孜 祖仲 父九疇 知縣 母开氏

具慶下 兄載陽 弟載亨 娶潘氏

山東鄉試第三十七名 會試第一百八十七名

萬自約　貫山西太原右衛右所軍籍　府學生

治禮記字崇禮行二年二十五六月初七日生

曾祖良　祖瑛訓導　父化長史進階中順大夫　母盧氏封宜人

永感下　兄自統　娶朱氏

山西鄉試第十一名　會試第二百七十五名

黎芳　貫四川眉州丹稜縣民籍　國子生

治詩經字懋德行二年二十七九月初六日生

曾祖金　祖鳴春　父大賢壽官　母李氏

具慶下　兄芃　弟英　娶程氏

四川鄉試第五十三名　會試第二百七十二名

章邦翰 貫江西南昌府南昌縣民籍 國子生

治易經字公佐行二年二十八十月初五日生

曾祖德輝 祖用文 父繼暘 母周氏

慈侍下 兄邦屏 弟邦選 邦憲 娶胡氏 繼娶鄧氏

江西鄉試第十八名 會試第五十三名

杜縻 貫直隸廣平府永年縣民籍 國子生

治春秋字惟公行六年三十十月二十日生

曾祖春 祖浩贈奉直大夫刑部員外郎 父秉彝知府 前母韓氏贈宜人 母王氏封宜人

嚴侍下 兄廓貢士 賡監生 庠監生 廕貢士 庇監生 弟庄 麻 娶路氏 繼娶李氏

順天府鄉試第八十三名 會試第一百六十九名

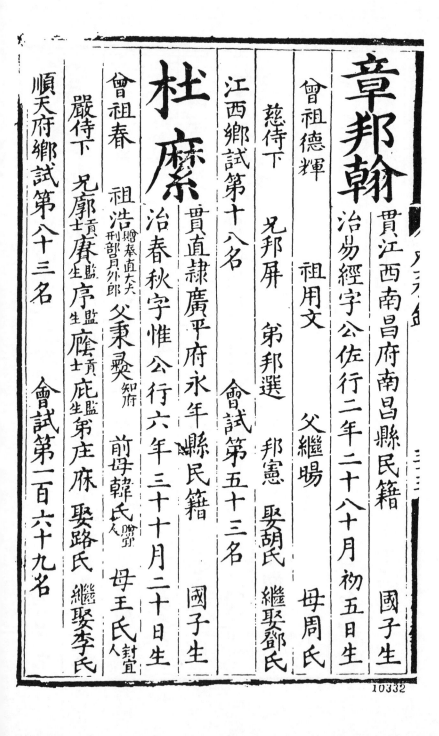

林可成 貫浙江寧波府鄞縣民籍 國子生
治易經字志父行三年三十三十月十四日生
曾祖必華 祖俊壽官 父應春 母唐氏 繼母張氏
具慶下 弟可用 可望 可喬 娶方氏
浙江鄉試第八十七名 會試第三十七名

許守恩 貫陝西西安府涇陽縣匠籍 國子生
治詩經字君賜行二年三十三二月初十日生
曾祖聰 祖廷章 父朝陽 母武氏
慈侍下 兄守忠 弟守恕 守憲 娶楊氏
陝西鄉試第十七名 會試第一百二十名

高舉

貫山東濟南府淄川縣軍籍　國子生

治易經字鵬程行二年二十八二月十六日生

曾祖傑　祖昇　父汝澄　母楊氏

重慶下　兄攀　弟譽　娶鄒氏

山東鄉試第三十九名　會試第二百五十名

車大任

貫湖廣寶慶府邵陽縣民籍　國子生

治書經字子仁行四年三十六月初二日生

曾祖憲　祖經省祭官　父承道恩例冠帶　前母盧氏　母王氏

具慶下　弟大衡　大受　娶范氏

湖廣鄉試第三十六名　會試第一百三十五名

褚國祥

貫直隸常州府武進縣軍籍宜興縣人　國子生

治詩經字徵輿行一年三十四月十一日生

曾祖思智　祖景　父湘　母陳氏

慈侍下　兄棟同科進士　梁　弟國瑞　國榮　國秀　國賢貢士　國正　國補　娶陸氏

應天府鄉試第九十一名　會試第一百二十八名

董瀾

貫山東濟南府長清縣軍籍　國子生

治詩經字惟源行一年三十四十二月二十日生

曾祖廷秀縣主簿　祖銓儒官　父相　母李氏

慈侍下　弟濬　洙　娶陳氏

山東鄉試第十九名　會試第二百十三名

孫架

貫山東萊州府平度州昌邑縣軍籍 國子生
治詩經字國棟行一年三十三正月十三日生
曾祖欽 祖亨義官 父世惠大使 母黃氏
慈侍下 兄如金 如玉 弟梁貢士 槃 棨 檠 娶陶氏
山東鄉試第十二名 會試第二百六十四名

王庭諭

貫陝西西安府華州民籍 國子生
治詩經字命卿行三年十九十二月二十三日生
曾祖朝臣義官 祖善述 父吉兆以諭封禮部員外郎 母楊氏累封宜人
具慶下 兄庭詩按察司副使 庭謨同科進士 弟庭諫 娶焦氏
陝西鄉試第十九名 會試第一百七十八名

王麟趾 貫山東濟南府德州德平縣民籍 縣學生

治易經字瑞甫行一年二十五十一月十三日生

曾祖重 祖臣 父宣 嫡母胡氏 生母孫氏

慈侍下 娶陳氏 繼娶穆氏

山東鄉試第三十三名 會試第二百六十三名

鍾化民 貫浙江杭州府仁和縣民籍 府學生

治書經字惟新行一年三十四十一月二十一日生

曾祖慶 祖芳壽官 父穩 母董氏

永感下 兄壽民 舜民 獻民 弟佑民 娶范氏

浙江鄉試第十五名 會試第一百三名

劉學曾

貫河南汝寧府光州光山縣民籍　國子生

治詩經字唯一行二年二十七六月十五日生

曾祖秀　祖世英　父芳儒官　母余氏

具慶下　弟學思學閔學周學朱學夔學龍學臯學益娶王氏

河南鄉試第五十一名　會試第一百二十二名

李士登

貫河南河南府洛陽縣民籍　府學生

治易經字聯之行二年二十五四月初三日生

曾祖方　祖惠　父雲壽官　母張氏

具慶下　兄士名　弟士科　娶王氏

河南鄉試第七十二名　會試第二百三十六名

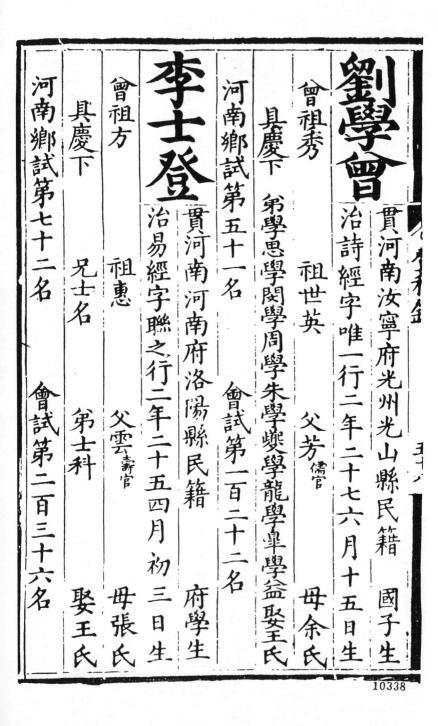

喬壁星

貫直隸真定府臨城縣民籍　國子生

治詩經字文見行二年三十七月十四日生

曾祖直 知縣　祖宗華 縣丞　父輔世　母王氏

具慶下　兄南星　弟中星　娶陳氏

順天府鄉試第六十六名　會試第二百九十五名

蔡宗周

貫福建漳州府龍溪縣軍籍　縣學生

治易經字敬日兄行一年三十五十二月初一日生

曾祖遵誨　祖恨　父台　母林氏

慈侍下　兄應孫 知州 應昌應昇弟應元敬育應魁科 戶部 事敬復敬蕃宗召棟　娶陳氏

福建鄉試第六十九名　會試第一百九十三名

但貴元

貫江西南康府星子縣民籍　縣學生

治書經字仁甫行三十四年二十八九月二十九日生

曾祖廷玉　祖允爵　父友儒　母李氏

具慶下　弟啓元　調元　娶宋氏

江西鄉試第五十二名　會試第二百四十四名

項應祥

貫浙江處州府遂昌縣民籍　縣學生

治詩經字汝和行一年二十四四月初二日生

曾祖泗　祖孔贇王府典膳　父森　母華氏

具慶下　兄應心應選應第應箕弟應珪應瑞應昌應鍾應鐸志茂娶吳氏

浙江鄉試第七十名　會試第二百八十一名

張汝蘊 貫山東濟南府章丘縣軍籍 國子生
治書經字子發行一年三十十一月二十五日生
曾祖鑾 祖煥 父采儒官 母李氏
具慶下 弟汝粹 汝猷 汝鶯 汝才 汝有 娶楊氏 繼娶康氏
山東鄉試第十四名 會試第二百六十五名

譚一召 貫江西南安府大庾縣民籍 國子生
治禮記字忠卿行五年二十八正月初六日生
曾祖憲 祖晉 父大綱教諭 前母朱氏 周氏 母楊氏
永感下 兄一龍 一夔 一鵬 一周 弟一伊 娶劉氏
江西鄉試第十六名 會試第八十二名

鄒觀光 貫湖廣德安府雲夢縣民籍 國子生

治禮記字孚如行一年二十五五月初二日生

曾祖伯滸歲貢生 祖鵬 父夢龍恩例冠帶 母鄒氏

具慶下 弟覲光 耿光 有光 娶左氏

湖廣鄉試第四名 會試第六十七名

周光復 貫浙江紹興府嵊縣民籍 國子生

治詩經字元禮行一年二十七六月初十日生

曾祖瀚 祖晟知縣 父紹祖 母尹氏

具慶下 弟光臨 光前 娶尹氏

浙江鄉試第七十九名 會試第一百六十一名

余懋中

貫浙江衢州府西安縣民籍 國子生

治易經字德懋行五十年三十八月二十九日生

曾祖宗洪七品散官 祖蕢 父國英州同知 前母高氏 母徐氏

具慶下 兄良謨訓導 時中 弟大中監生 憲中 致中 娶徐氏

順天府鄉試第十一名 會試第六名

李槃

貫浙江紹興府餘姚縣民籍 國子生

治禮記字用甫行四年三十二十月初八日生

曾祖克文縣主簿 祖公明 父洙 母谷氏

具慶下 兄乾養貢士 弟啓 槩 棠 娶董氏

浙江鄉試第三名 會試第一百二十七名

張立愛 貫直隸保定府祁州深澤縣民籍 國子生
治書經字子仁行一年二十五十一月二十四日生
曾祖大華 祖進誠 父孟陽 母陳氏
慈侍下 弟立敬 娶李氏
順天府鄉試第八十一名 會試第二百八十五名

李廷謨 貫江西南昌府豐城縣軍籍 河南新鄭縣學教諭
治詩經字明皐行八年三十四月十六日生
曾祖充實 祖光儀贈中大夫運使 父瓚知縣累封中大夫運使 母夏氏封太淑人
具慶下 兄廷觀運使 廷和 弟廷章監生 廷彥 廷亮 娶熊氏
江西鄉試第七名 會試第二百三名

劉以平

貫山西平陽府蒲州猗氏縣民籍　縣學生

治詩經字體衡行三年三十五十月初四日生

曾祖文　祖銘　父琢　母梁氏

慈侍下　兄以正　以中　弟以寬　以時　以節　娶關氏

山西鄉試第三十四名　會試第二百四十名

茅崇本

貫直隸鎮江府丹徒縣民籍　國子生

治詩經字仲立行五年三十一七月十八日生

曾祖堅（贈奉政大夫南京戶部郎中）　祖鑾　父治　母姜氏

慈侍下　兄崇文　崇釆　弟崇榮　崇俊　崇棟　娶張氏

應天府鄉試第九十八名　會試第一百四十二名

伍袁萃

貫直隸蘇州府長洲縣民籍吳縣人　縣學生

治春秋字道聚行三年二十八二月十二日生

曾祖鋹封工部主事　祖餘福知府　父孝光　前母沈氏　母袁氏

嚴侍下　兄起華　起莘　娶楊氏　繼娶陸氏

應天府鄉試第四十五名　會試第一百十三名

任讓

貫直隸真定府冀州南宮縣民籍　國子生

治易經字遜之行四年二十八九月二十四日生

曾祖佐　祖琦　父還教諭　前母張氏　母李氏

具慶下　兄聲　聞　心　弟澤　娶胡氏

順天府鄉試第一百五名　會試第一百四十五名

靳紹謙 貫直隸真定府安平縣民籍 縣學生

治詩經字受之行一年二十五八月初二日生

曾祖鳳 祖康 父載歲貢生 母劉氏

具慶下 弟紹讓 紹詡 紹詩 紹訥 娶郭氏 繼娶雷氏

順天府鄉試第一百三十一名 會試第二百九十七名

陳映 貫福建漳州府海澄縣民籍 國子生

治易經字東甫行十年三十二十一月初四日生

曾祖華璧壽官 祖孔忠 父善 母林氏

永感下 兄惟之 敬之 順之訓導 道之同知 誠之 澄之 存之 曜 暘 照 若 卿舉人進士 弟昂 旺 旼 娶林氏

福建鄉試第四十五名 會試第一百七名

劉廷蕙

貫福建漳州府漳浦縣軍籍 國子生

治詩經字惠徵行二年三十六月初七日生

曾祖渫 祖居敬 父養大 母陳氏

永感下 兄庭芥戶部主事 弟庭蘭戶科進士 庭萱 庭蓴 娶王氏

福建鄉試第二十八名 會試第二十四名

劉順徵

貫雲南雲南右衛軍籍山西大同府大同縣人 國子生

治春秋字懋承行六年三十一八月十七日生

曾祖桂 祖昆壽官 父體仁府通判 母孟氏

慈侍下 兄德徵貢生 休徵 祥徵 信徵 弟文徵貢士 寧徵 娶孟氏

雲南鄉試第三十三名 會試第一百五十三名

10348

吳之佳 貫直隸蘇州府長洲縣民籍 府學生
治易經字公美行一年三十三月二十日生
曾祖如玉 祖塾 父滔 母周氏
慈侍下 娶朱氏 繼娶顧氏
應天府鄉試第一百一名 會試第二百九名

張我續 貫直隸廣平府邯鄲縣軍籍 縣學生
治春秋字衡祧行三年二十一九月二十一日生
曾祖滕 祖綱[illegible]寶[illegible]將仕郎兵科給事中 父國彥布政使司右布政使 母蒯氏
具慶下 兄我繼 我繩 我承儒士 弟我慈 我達 我維 娶郝氏
順天府鄉試第十九名 會試第一百八十三名

黃師文

貫四川敘州府富順縣民籍 縣學生

治易經字繼周行二年二十八正月初八日生

曾祖斗 祖詔鄉衛經歷 父坫知縣 母謝氏

嚴侍下 兄師古 師震 師曾 師模 師賢 師表知縣 師允 師貞 師訓 弟夢麟 師傅 夢葵 娶張氏

四川鄉試第五十八名 會試第二百七十七名

閔一范

貫浙江湖州府烏程縣軍籍 國子生

治春秋字仲甫行二年三十三二月十三日生

曾祖聞封南京兵馬指揮贈應天府通判 祖宜勵知州進階奉直大夫 父德慶訓導 母徐氏

具慶下 兄一夔 一麒 一麟 弟一濤 一鳳 一敬 世翔同科進士 一寧 一誠 一賓 一策 一心 一桂 娶孫氏

浙江鄉試第六十一名 會試第七十名

彭應參 貫河南汝寧府光州光山縣軍籍 縣學生

治易經字汝省行四年二十八八月十八日生

曾祖璲 祖宗陽 父時春 母吳氏

慈侍下 兄應聿 應會 娶夏氏

河南鄉試第三十八名 會試第一百九十九名

張鶴鳴 貫直隸徐州民籍 國子生

治禮記字汝誠行二年三十五九月十八日生

曾祖宣 祖玉 父騰散官 母黃氏

慈侍下 兄鶴羽省祭官 弟鶴年 鶴翔 鶴隨 鶴笑 鶴皐 娶王氏

應天府鄉試第二十七名 會試第一百十二名

侯先春

貫直隸常州府無錫縣民籍　縣學附學生

治詩經字元甫行一年三十一正月十三日生

曾祖孟清（贈知縣）　祖祖德（大僕寺寺丞）　父應昌　母華氏

具慶下　弟同春　乃春　熙春　陽春　娶張氏

應天府鄉試第五十六名　會試第一百九十六名

張廷棟

貫福建漳州府龍溪縣民籍　國子生

治易經字國材行四年三十六月二十五日生

曾祖綽（刑部郎中）　祖主恩（壽官）　父師洛　母葉氏

具慶下　兄廷松　廷木　弟廷榜（知縣）　廷梯　廷樾　廷朴　娶趙氏

福建鄉試第二十九名　會試第一百六十五名

黃齊賢

貫浙江紹興府山陰縣民籍　國子生

治詩經字仕思行四年三十一十二月十四日生

曾祖琳　祖舜用　父紱　母高氏

具慶下　兄猷吉按察司經歷　弟興賢　進賢　希賢　景賢　尚賢　娶章氏

浙江鄉試第二十二名　會試第四十二名

盧泮

貫直隸廬州府無為州民籍　州學增廣生

治詩經字　文行六年二十七六月初二日生

曾祖景　祖彥良　父宣壽官　前母朱氏　母汪氏

永感下　兄潒　洮　濟　漣　洸　弟淑　源　漢　濡　娶花氏　繼娶張氏

應天府鄉試第九十八名　會試第二百二十七名

鄧啓愚 貫湖廣辰州府溆浦縣民籍 國子生

治詩經字良知行一年二十九五月初八日生

曾祖丞 祖國興 父懷經 母湯氏

慈侍下 娶向氏 繼娶沈氏

湖廣鄉試第八十一名 會試第七十九名

郝大猷 貫直隸廣平府邯鄲縣民籍 縣學增廣生

治詩經字定甫行一年三十一十一月二十四日生

曾祖崇義官 祖津 父鸞壽官 母馬氏

重慶下 弟大順 大節 大緒 大壯 大任 大觀 大端 娶賈氏

順天府鄉試第三名 會試第六十一名

于孔兼　貫直隸鎮江府金壇縣軍籍　國子生

治書經字元時行四年三十三九月初七日生

曾祖鎰 知縣贈都察院右副都御史　祖湛 都察院右副都御史　父來 貢士　母吳氏

永感下　兄明照 生員 [illegible] 烈 監生 燾 [illegible] 照 [illegible] 泰 衡 監生 [illegible] 佳 應 進 杰 定 勳 熙　娶周氏繼娶張氏

應天府鄉試第一百二名　會試第七十五名

彭而珩　貫江西臨江府清江縣軍籍　國子生

治詩經字命卿行四年二十七十一月初六日生

曾祖桂　祖灝 [illegible]　父惟享 南京兵部郎中　母朱氏 封孺人

慈侍下　娶曾氏

江西鄉試第十九名　會試第一百四十四名

蔣春芳

貫山東青州府益都縣軍籍 國子生

治詩經字實伯行一年三十一二月二十二日生

曾祖安 祖通 父琳壽官 母姜氏 繼母包氏

具慶下 兄乾 弟世芳 聯芳 隨芳 桂芳 娶高氏 繼娶梁氏

山東鄉試第五十名 會試第八十五名

郝世科

貫四川敘州府敘南衛軍籍高縣人 國子生

治詩經字肖登行一年二十九九月十六日生

曾祖廷相贈文林郎監察御史 祖惟嶽嘉議大夫都察院右副都御史 父守知縣 母劉氏

嚴侍下 弟世德 世第 世循 世箕 世朴 世階 世程 娶李氏

四川鄉試第二名 會試第一百九十四名

陳仕行 貫福建泉州府晉江縣軍籍 國子生

治詩經字道敷行一年三十三九月二十六日生

曾祖廷瑞壽官 祖智欽壽官 父元業 母黃氏

慈侍下 兄子秀 子德 弟仕烈 俊 儀 奇 華 瀾 娶林氏

福建鄉試第三十一名 會試第九十九名

吳之龍 貫直隸常州府武進縣民籍無錫縣人 府學生

治詩經字汝陽行五年二十七四月二十九日生

曾祖元 祖大倫陰陽正術 父欽國子監助教 母蔣氏

具慶下 兄之鵬府推官 之美 之芳 之鵠州判 之珍 之奎 之城增廣生 弟之寶 之案 之垣 娶邵氏

應天府鄉試第五十三名 會試第七十四名

史旌賢 貫雲南大理府雲南縣籍直隸應天府江寧縣人 國子生

治書經字廷徵行三年二十六二月十四日生

曾祖通 祖湖 父大經塋 前母張氏 姚氏 生母何氏

永感下 兄旌忠 旌孝 娶張氏

雲南鄉試第三十八名 會試第一百八十五名

許弘綱 貫浙江金華府東陽縣民籍 國子生

治春秋字張之行四年二十五十一月初九日生

曾祖伉 祖法 父思直 母李氏

重慶下 兄弘範 弟弘紀 弘綸 弘模 娶丁氏

浙江鄉試第六十一名 會試第一百十三名

賈一鶚

貫順天府霸州民籍直隸安慶府桐城縣人　國子生

治書經字文薦行一年三十四十一月二十三日生

曾祖鎰　祖德深壽官　父子遷恩例冠帶　母顧氏

具慶下　第一鶚　一鳳　一鸞　娶趙氏

順天府鄉試第九名　會試第二百九十二名

傅履禮

貫福建泉州府南安縣軍籍　山東臨清州學訓導

治春秋字則庸行二年三十八四月初十日生

曾祖璇　祖翰英　父陽明知縣　母王氏

慈侍下　兄履一　弟履約州判　履慎　履重貢士　履階貢士　履慶貢士　娶蘇氏

福建鄉試第三十四名　會試第一百三十九名

韓介

貫山東青州府臨淄縣軍籍 國子生

治易經字于石行一年三十一三月初六日生

曾祖能 祖昂 父超然知縣 母孟氏

慈侍下 娶崔氏

山東鄉試第十三名 會試第一百八十名

葉初春

貫直隸蘇州府吳縣民籍 國子生

治禮記字處元行一年三十四二月二十七日生

曾祖潮 祖棠 父粲 母吳氏

永感下 兄應圻 應垣 宗德 弟宗直埴 萬春 娶鄭氏

應天府鄉試第二名 會試第一百八十九名

李大欽 貫江西饒州府浮梁縣民籍 國子生

治易經字惟敬行三十年三十一十二月十九日生

曾祖綬 教諭 祖世英 父廷桂 母彭氏

慈侍下 兄大成 娶侯氏

江西鄉試第二十三名 會試第二百十四名

尹從教 貫四川敘南衛官籍敘州府宜賓縣人 國子生

治詩經字心傳行一年三十二十月初二日生

曾祖旹 指揮僉事 祖武 指揮僉事 父守祿 母李氏

嚴侍下 弟從壽 指揮同知 從淑 從徵 從令 從達 娶魏氏

四川鄉試第九名 會試第二百七名

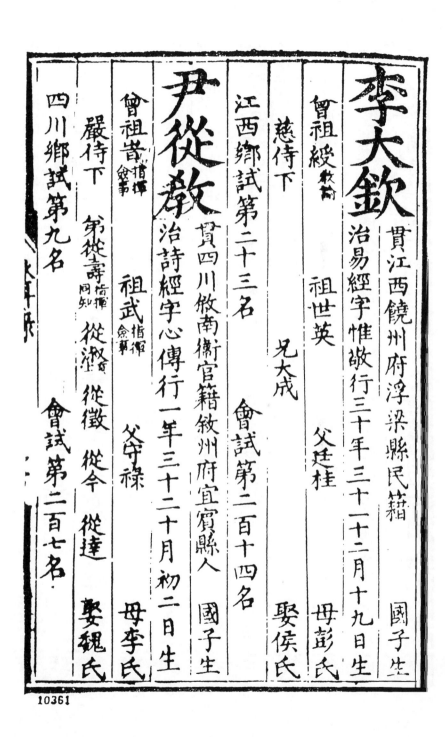

鹿久徵　貫直隸保定府定興縣民籍　國子生

治春秋字子誠行一年二十九正月二十一日生

曾祖景玉　祖文通　父府壽官　母李氏

具慶下　弟久大　久光　娶王氏

順天府鄉試第十六名　會試第二百五十三名

章嘉楨　貫浙江湖州府德清縣民籍　府學生

治詩經字元禮行一年二十九十月十五日生

曾祖裕　祖鑾　父子沐　母孫氏　繼母丁氏

重慶下　兄建楨　弟吉楨　參楨　臺楨　彥楨　友楨　熹楨　端楨　娶臧氏

浙江鄉試第四十九名　會試第一百十名

孫琉 貫山東兖州府東平州平陰縣軍籍 國子生

治書經字子文行五年二十七七月二十四日生

曾祖孜 祖庭訓 父德良 前母時氏 母王氏

永感下 兄玶 璪 璟 璋 娶牛氏

山東鄉試第七十一名 會試第十二名

涂用賓 貫湖廣長沙府湘陰縣民籍 國子生

治易經字晉卿行一年三十八十月初三日生

曾祖源江 祖忠國 父栢恩例冠帶 母羅氏 繼母韓氏

具慶下 弟用賢 用中 用光 用敬 娶李氏 繼娶龔氏

湖廣鄉試第四十四名 會試第七十六名

王明　貫山西平陽府解州民籍　國子生

治禮記字汝亮行四年二十七七月初九日生

曾祖欽　祖和　父玉圭貢士　前母蔡氏　母慈氏

慈侍下　兄言　心　耳　娶孫氏

山西鄉試第六十三名　會試第二百四十一名

朱運昌　貫雲南雲南前衛軍籍直隸鎮江府丹徒縣人　府學增廣生

治書經字允升行一年二十二十月二十四日生

曾祖倫　祖朝卿　父良佐　母高氏

永感下　弟運泰　娶徐氏

雲南鄉試第十八名　會試第二百十七名

劉日升

貫江西吉安府廬陵縣民籍　縣學增廣生

治詩經字爾湛行四年二十九五月十二日生

曾祖來泰　祖坎濬府同知　父道用　母謝氏

慈侍下　兄以庚　娶謝氏　繼娶曾氏

江西鄉試第十六名　會試第九名

張鉦

貫山東濟南府濱州軍籍　國子生

治書經字振甫行四年二十九六月二十五日生

曾祖龍壽官　祖景春省祭官　父增壽官　母王氏

具慶下　兄鑰　煎　弟錫　鋭　鍊　鉉　鏇　鍾　娶袁氏

山東鄉試第一名　會試第一百七十一名

祝致和

貫浙江衢州府龍游縣民籍　國子生

治詩經字達卿行七十八年三十三十月初一日生

曾祖璋歲貢生　祖允　父啓元　前母周氏　母璩氏

具慶下　兄詔知縣致廣如京監生致中弟致祥致用致一致大萬監生　娶王氏繼娶張氏李氏

順天府鄉試第八名　會試第二十九名

余繼善

貫河南汝寧府光州固始縣民籍江西南昌府南昌縣人　國子生

治詩經字明復行一年三十五七月初一日生

曾祖希　祖祿　父慶　母梅氏

慈侍下　弟繼美繼義繼芬繼英繼輝繼耀繼廉　娶張氏

河南鄉試第七十六名　會試第一百十四名

劉杲 貫河南開封府杞縣民籍 縣學增廣生
治易經字叔通行三年二十八十一月十四日生
曾祖道立監察御史 祖宗義 父致雄壽官 母邵氏 繼母丁氏
嚴侍下 兄旭 昇貢士 娶曹氏
河南鄉試第四十七名 會試第二百九十四名

李本固 貫河南汝寧府固始縣民籍 國子生
治詩經字叔茂行二年二十四十二月初十日生
曾祖尚德 祖麒 父呈芳 母萬氏
具慶下 兄本堅 弟本深 本厚 本乾 娶孔氏 繼娶劉氏
河南鄉試第三十五名 會試第二百二十四名

杜潛 貫山東東昌府高唐州軍籍 州學生
治書經字孔昭行一年三十三十二月初八日生
曾祖全 祖綸 父子權 前母盧氏 母龔氏
具慶下 弟浸 潤 滓 滑 娶李氏
山東鄉試第十八名 會試第二百三十名

李上馨 貫廣東廣州府番禺縣軍籍南海縣人 浙江湖州府學訓導
治易經字子升行二年三十二四月二十六日生
曾祖周永 祖鍼 父喬芳 母周氏
慈侍下 兄价吏部郎中 基知縣 倫兵備僉事 上元貢士 娶關氏 繼娶蕭氏
廣東鄉試第七名 會試第一百五十六名

王應麟 貫福建漳州府龍溪縣民籍 國子生

治詩經字仁卿行一年二十八八月二十五日生

曾祖先宗 祖質安 父榮貴 母黃氏

永感下 兄學孝訢應中 弟應命應鳳應賓應薦應鵬應麃 娶潘氏

福建鄉試第五十九名 會試第七十二名

謝台卿 貫福建泉州府晉江縣民籍 國子生

治詩經字登之行二年二十六正月二十五日生

曾祖暐 祖繼宗 父九思 母王氏 繼母蔡氏

具慶下 兄吉卿同科進士 娶王氏

福建鄉試第五十五名 會試第一百九十二名

丁懋遜　貫山東濟南府濱州霑化縣匠籍　國子生

治易經字允節行三年二十九十一月十七日生

曾祖福（贈布政使司左布政使）　祖仁（壽官）　父汝敢（儒官）　母王氏

具慶下　兄懋功懋溫懋讓懋時懋倫懋和（監生）懋順懋芳懋春　弟懋賢懋詩　娶周氏

山東鄉試第二十一名　會試第八十七名

王永寧　貫浙江湖州府烏程縣匠籍　縣學生

治易經字世卿行一年二十六三月初十日生

曾祖銘　祖演（府推官）　父國柱　母李氏　繼母李氏

重慶下　兄永偉　永昌　弟永貞永明永靖永慶永忠永嘉　娶章氏

浙江鄉試第七名　會試第一百十一名

江應禎 貫四川敘州府隆昌縣民籍富順縣人 縣學生
治書經字興甫行一年二十八八月十五日生
曾祖志鑾壽官 祖鶚壽官 父汝進 母彭氏
重慶下 弟應祿 應宿監生 娶戴氏
四川鄉試第十三名 會試第一百九十七名

李登 貫湖廣承天府沔陽州景陵縣官籍 國子生
治詩經字伯庸行一年三十四九月初十日生
曾祖通 祖新 父珂 嫡母胡氏 繼母曾氏 生母姚氏
永感下 兄相 湘指揮 寵 弟發 登 娶延氏 繼娶譚氏
湖廣鄉試第一名 會試第十六名

錢士完 貫浙江湖州府歸安縣民籍 國子生
治書經字惟凝行四年二十六六月二十二日生
曾祖玢 祖玉贈兵部員外郎 父鎮兵部郎中 嫡母茅氏封安人 生母杜氏
具慶下 兄士規 士衡 士弘 弟士馨 娶沈氏
浙江鄉試第二十五名 會試第一百九名

王夢暘 貫江西廣信府上饒縣軍籍 國子生
治書經字旭東行十一年三十十月初五日生
曾祖瓚 祖鈺 父綸 母徐氏 繼母徐氏
具慶下 兄夢良縣主簿 夢雷 弟夢麒 娶章氏
江西鄉試第六十六名 會試第一百十六名

徐民式

貫福建建寧府浦城縣軍籍　國子生

治書經字用敬行一年二十六九月十二日生

曾祖彪 壽官　祖瑫　父惟賢　母吳氏

具慶下　弟民英 貢士 民俊民止民信民獻民覽民佺　娶張氏

福建鄉試第三名　會試第一百七十九名

張大謨

貫直隸廣平府永年縣校籍　國子生

治書經字希皐行二年三十三三月初三日生

曾祖鏜　祖子膺　父汝旒 恩例冠帶　母馬氏

具慶下　兄大典　弟大訓　大誥　娶徐氏　繼娶劉氏

順天府鄉試第五十名　會試第二百九十九名

陳子貞　貫江西南昌府南昌縣民籍　國子生
治詩經字以成行八年三十十一月二十四日生
曾祖大芳　祖邦用　父滌　母江氏　繼母傅氏
慈侍下　兄子贊　弟子貴　子實　子貫　子賛　娶姜氏
江西鄉試第六十七名　會試第九十一名

張棟　貫直隸保定府安肅縣民籍　國子生
治禮記字士隆行三年三十四三月十三日生
曾祖忠　祖雨　父泉　母趙氏
慈侍下　兄柱　梓　娶李氏
順天府鄉試第五十九名　會試第一百七十五名

孫光祖　貫直隸順天府玉田縣民籍　國子生
治春秋字孝光行一年三十正月二十九日生
曾祖冨　祖文禮典史　父延卿歲貢生　母朱氏
具慶下　兄紹祖顯祖　弟法祖繼祖敬祖崇祖率祖　娶邊氏　繼娶谷氏
順天府鄉試第四十九名　會試第一百九十八名

趙岸　貫陝西西安府盩厔縣軍籍　國子生
治易經字登之行三年三十二十月十四日生
曾祖義　祖鶴贈府同知　父廷琛　母楊氏　繼母李氏
嚴侍下　兄峯　崙　弟嶠　巍　峒　娶陳氏
陝西鄉試第二十九名　會試第二百六十一名

王九德

貫河南開封府祥符縣民籍　國子生

治詩經字惟恒行三年二十九二月二十二日生

曾祖政　祖澄散官　父廷相王府典膳　母張氏

具慶下　兄九思　九功　弟九一　九淵　娶李氏

河南鄉試第十四名　會試第二百七十六名

李來鳳

貫四川成都府漢州綿竹縣民籍　陝西鄉縣學教諭

治書經字瑞黃行一年三十正月十二日生

曾祖蕚　祖嘉晃　父友松　母文氏

具慶下　弟儀鳳　娶季氏

四川鄉試第十一名　會試第八十九名

張季恩 貫四川成都府內江縣官籍 國子生

治書經字以誠行二年三十九月十四日生

曾祖介知府 祖作寵知縣 父叔定 前母華氏 嫡母姜氏 生母葉氏

永感下 兄季閔 弟季行 娶余氏

四川鄉試第十五名 會試第二百三十八名

王顯仁 貫直隸河間府滄州民籍 國子生

治易經字克明行二年三十四九月十六月生

曾祖國寧封文林郎 祖紳[illegible]都御史[illegible]大夫 父用中監生 母潘氏 繼母吳氏

嚴侍下 兄堯仁監生 弟累仁 同仁 世仁 居仁 施仁 志仁 敦仁 娶臧氏

順天府鄉試第一百三名 會試第二百六十七名

南企仲

貫陝西西安府渭南縣軍籍　縣學生

治禮記字子及行五年二十四九月十八日生

曾祖金敢衛照戶部郎中　祖大吉知府　父軫　母武氏

慈侍下　兄學仲府通判　憲仲知縣　師仲貢士　仰仲　娶李氏　繼娶王氏

陝西鄉試第四名　會試第二百二十三名

佘鳴化

貫湖廣辰州府沅陵縣軍籍　國子生

治詩經字邦儀行一年二十九三月十五日生

曾祖綱　祖現　父應祥知縣　母賀氏

具慶下　弟鳴雷　娶羊氏

湖廣鄉試第四十二名　會試第二百五十六名

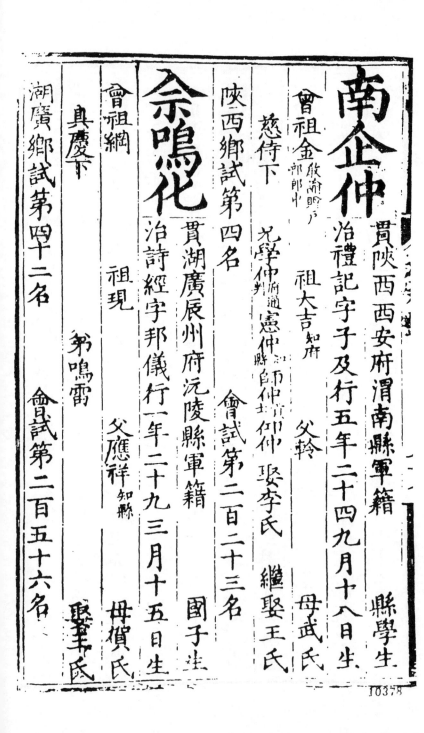

郝持

貫河南彰德府林縣民籍　國子生

治詩經字敬之行三年二十八十二月二十二日生

曾祖文通壽官　祖世昌儀賓　父令監生　母王氏

慈侍下　兄捷儀賓　[illegible]吏目　操太學生　弟拯　撫　拱　擢　授　揀　攉　擴　扑　娶王氏　繼娶曹氏

河南鄉試第四十七名　會試第一百六十八名

王以通

貫福建漳州府龍巖縣軍籍泉州府晉江縣人　國子生

治易經字可貞行三年三十六十二月初三日生

曾祖茂績　祖進宗　父榮　母郭氏　繼母劉氏

永感下　兄以逸　以道　弟以週　以述　以選　娶吳氏

順天府鄉試第三十六名　會試第一百七十七名

陳效

貫四川成都府井研縣民籍　國子生

治書經字忠甫行二年二十九六月二十二日生

曾祖琥　祖鳳陽　父廷魁　嫡母曾氏　母李氏

慈侍下　兄學　娶廖氏

四川鄉試第八名　會試第二百一名

羅萬程

貫江西建昌府廣昌縣民籍　國子生

治書經字時鵬行三年二十五六月初六日生

曾祖廷　祖憲　父良俊縣主簿　前母何氏　母賴氏

具慶下　兄萬言　萬容　弟萬全　萬鍾　娶謝氏

江西鄉試第八十九名　會試第五十九名

楊鎬 貫河南歸德府商丘縣民籍 國子生

治書經字京甫行三年二十六正月二十五日生

曾祖文通 祖繼道 父儒壽官 母張氏 繼母李氏

嚴侍下 兄鏞 鈿 鑰 弟鐫 銓 鍜 鍊 娶侯氏

河南鄉試第四十二名 會試第一百四十名

王三陽 貫福建泉州府晉江縣鹽籍 國子生

治易經字乾甫行三年三十一五月十九日生

曾祖杞 祖寬 父暘良 母張氏

具慶下 兄暘 嵩暘 弟承陽 應奎 應壁 銓陽 鑰陽 娶楊氏

福建鄉試第九名 會試第二百七十九名

唐仲寅 貫順天府通州籍浙江嘉興府嘉興縣人 國子生
治詩經字啓東行一年三十七十月初十日生
曾祖桓 祖珍 父軏 母高氏
永感下 娶崔氏
順天府鄉試第二十五名 會試第二百五十九名

李汝華 貫河南歸德府睢州民籍 州學增廣生
治詩經字茂夫行二年三十三十二月十九日生
曾祖恭 祖江贈文林郎知縣 父仕府同知 母張氏封孺人
慈侍下 兄汝成 弟汝芳 娶趙氏 繼娶翟氏
河南鄉試第六十名 會試第九十四名

曾維倫 貫江西撫州府樂安縣軍籍　國子生

治詩經字恒遜行一年三十二五月十八日生

曾祖在義　祖國良　父星學正　母羅氏　繼母何氏

永感下　兄諶知縣 恒 登 維宣 維章 維藩 弟恒 任 維傅 維僑 娶張氏

江西鄉試第四十五名　會試第八十八名

盧奇 貫湖廣永州府祁陽縣民籍　國子生

治易經字廷才行四年三十五十二月十二日生

曾祖永齡義官　祖瑞　父傳印照例冠帶　母陶氏　繼母李氏

慈侍下　兄彥知縣 襄　弟良 豪貢士 文 宏 賡　娶張氏繼娶陳氏

湖廣鄉試第二十一名　會試第一百六十四名

王元命 貫陝西西安府華州蒲城縣民籍 國子生
治書經字長齡行四年三十一四月二十一日生
曾祖顏 祖仲實壽官 父表府同知 母李氏 繼母趙氏
嚴侍下 兄元相貢士 元卿 元良監生 元柄貢士 娶張氏 繼聘張氏
陝西鄉試第二十二名 會試第二百四十九名

劉庭蘭 貫福建漳州府漳浦縣軍籍 國子生
治詩經字國徵行三年二十九九月初十日生
曾祖渫 祖居易 父祥鸞封戶部主事 母沈氏贈安人
重慶下 兄庭芥戶部主事 庭蕙同科進士 弟庭萱 庭荷 庭荊 娶林氏
福建鄉試第一名 會試第十四名

黃擇

貫江西撫州府金谿縣軍籍 國子生

治易經字思直行三十七年三十三四月十四日生

曾祖廷制 祖時正引禮舍人 父瀚 嫡母劉氏 于氏 生母劉氏

慈侍下 兄極 弟標貢士 章慶貢士 娶吳氏 張氏 繼娶鄧氏

江西鄉試第六十九名 會試第一百九十名

周維翰

貫直隸河間府阜城縣民籍 國子生

治詩經字忠叔行二年二十六十月二十日生

曾祖曠 祖任 父桂縣丞 母袁氏 繼母趙氏

嚴侍下 兄維屏 娶潘氏

順天府鄉試第八十九名 會試第一百二十五名

王應霖

貫順天府霸州文安縣民籍　國子生

治易經字德徵行二年三十三七月初六日生

曾祖原壽官　祖甫全　父宗實省祭官　母張氏

慈侍下　兄應雲　裳　褒德　弟應期貢士　應兆　娶紀氏　繼娶時氏

順天府鄉試第一百三十名　會試第二百七十三名

陳尚象

貫貴州都勻衛官籍直隸鳳陽府定遠縣人　府學生

治易經字心易行五年二十八十一月十八日生

曾祖孜　祖純　父大賓　母張氏

慈侍下　兄尚爵指揮　弟尚友　尚晉　尚本　娶費氏

貴州鄉試第六名　會試第二百八十二名

林文英

貫山東登州府黃縣軍籍　國子生

治詩經字德甫行二年三十二二月二十九日生

曾祖忠　祖貴壽官　父佑　母王氏

永感下　兄文俊　娶張氏

山東鄉試第二十八名　會試第二百十名

楊東明

貫河南歸德府虞城縣民籍　國子生

治詩經字子旭行三年三十三八月初八日生

曾祖景鐸　祖文政　父棟壽官　母王氏

具慶下　兄東升東生　弟東白東麗東光東曙　娶范氏

河南鄉試第五十二名　會試第二百四十六名

黃守謙 貫廣東惠州府海豐縣民籍 國子生
治書經字君有行一年三十三七月初五日生
曾祖繹歲貢 祖光華訓導 父應宸 母吳氏
慈侍下 弟守諒 守訓 守謨 娶徐氏
廣東鄉試第十一名 會試第一百四十六名

石崑玉 貫湖廣黃州府蘄州黃梅縣軍籍 國子生
治詩經字汝重行二年二十八八月二十三日生
曾祖梁 祖朝忠 父承芳 母陳氏 繼母廖氏
具慶下 兄卞玉 弟琢玉 潤玉 粹玉 娶郭氏
順天府鄉試第二名 會試第一百七十二名

涂嘉會 貫江西南昌府南昌縣民籍 縣學增廣生

治禮記字君復行一年二十七正月二十二日生

曾祖九彰 祖天壽 父懋賞 母李氏

慈侍下 兄嘉謨 嘉謀 世道 嘉猷 嘉行 嘉徵 弟嘉樂 嘉懋 嘉憲 嘉祉 娶丘氏

江西鄉試第五名 會試第一百四十一名

朱天應 貫福建泉州府晉江縣軍籍 國子生

治易經字國聘行一年三十三月十六日生

曾祖軒 七品散官 祖渙 壽官 父楷 母莊氏

慈侍下 兄昕 時 暐 孔昭 知縣 國有 知縣 弟昌竹 知縣 天相 于訓 士貢 娶黃氏

福建鄉試第七十九名 會試第二十三名

鄭國柱

貫貴州鎮遠府鎮遠縣民籍江西撫州府金谿縣人　國子生

治詩經字藎臣行五年二十五十一月初七日生

曾祖厚榮　祖錦衣　父瀾　母曹氏

具慶下　兄國彥國樑國英弟國才國棐國棟國杰國彬國栟國標　娶甘氏

貴州鄉試第九名　會試第二百名

皇帝制曰。朕惟治古帝王大經大法。具在周書洪範。其所以宰持萬化。統攝九疇。則建用皇極

備矣。而論者謂文用三德。寔為權衡。又謂皇極以體常。以立本。三德以盡變。以趨時。則正直

剛柔。固與建極殊
路歟。抑亦異用而
同體也。三季以還。
英辟代有若躬修
玄默。庶幾刑措。力

行仁義。身致太平。
與刑名繩下。而表
用循良。柔道理物。
而總攬權綱者。于
三德亦有合歟。又

有可疑者。政務嚴
切事從寬厚。異施
也。胡以各適于治。
優柔好儒術。威強
則武宣異尚也。胡

以同歸于衰含容
姑息見謂養亂而
仁柔有餘剛武不
足者胡以稱慶曆
之隆猜忌刻薄遂

致播遷而精于聽斷無復仁恩者胡以媲貞觀之美至于唐虞夏殷之盛所謂平康之世也

乃弼教以象刑格
苗以干羽戮後會
泣罪人敷政優優
秉鉞烈烈其治亦
兼用剛柔何歟朕

紹休鴻業。精求上

理。思建皇極爲天

下先嘗深詔執事

黜朋比。期蕩平祛

僞刻浮敦本責實

八載于茲矣。然而
教化未洽。風俗未
同。吏治未盡還淳。
人心未盡歸厚。豈
朕之不敏不明。無

能端好惡以示之極歟。抑三德之用。猶有未當歟。昔人論治以水火喻寬猛。以陰陽配刑德

以琴瑟證緩急與

夫芒刃斧斤之說。

梁肉藥石之譬。是

可釆而行與。夫舍

剛柔而求正直。不

善用三德而猥云
極建朕不知其解
也故進爾多士于
廷爰咨爰度其尚
闡析經訓標揭化

原。若何以明教正
俗。馭吏率人。俾斯
世會歸皇極。用追
古帝王之治。悉心
敷對。稱朕意焉。毋

有所諱

萬曆八年三月二十五日

臣張懋修

臣對臣聞帝王之道天道也故必有合天之心法以端化理之原亦必有憲天之治法以妙化裁之用何謂心法全體天德以爲敷錫庶民之本無偏無陂大公而順應者是已何謂治法奉若天道以爲變通宜民之政知柔知剛鼓舞以盡神者是已心法立而純粹之精與於穆而竝運斯聖人之所以合天也治法行而神應之妙與大造而同流斯聖人之所以憲天也合天者以立本而建極之體主

持乎三德之用憲天者以趨時而剛柔之用
流行於正直之中體用合一顯微無間古之
帝王所以不降階序而化行若神納天下於
皇極措斯世於平康者率由此道也欽惟
皇帝陛下
躬不世之資
撫綦隆之運天下喁喁然稱
聖主矣
臨馭以來
孜孜講學寒暑不替而表正之極端

事事訪求細大不遺而平康之化普

任賢圖治

斂福錫民八柄馭臣九德咸事

德之所及與河海而同深

威之所加與風霆而竝迅治化之隆固已六五

帝而四三王矣乃猶不自滿假於

萬幾之暇進臣等於

廷

俯賜

清問謂帝王之大經大法具在洪範故首以皇極

三德同體而異用用者爲言繼以古昔君人異
用而同體者爲證復詢臣等以明教正俗馭
吏率人之策期使斯世會歸於皇極以媲美
古帝王之盛斯虞帝清問下民周王望道未
見之心也臣敢不披瀝以對揚
休命乎臣聞書曰天錫禹洪範九疇彝倫攸敘則
洪範之書乃天道也人君奉天以子民則必
法天以運治臣請言天道夫太虛無形秉握
化權溟涬漠泯澒濛鴻洞是天道之所以立
體也噓之以陽吸之以陰鼓之以雷霆烜之

以日月潤之以雨露肅之以雪霜是天道之
所以致用也生者殺之機翕者張之地萬物
各得其和以生各得其養以成風霆日月霜
雪雨露日流行於亭毒之中而太虛之體漠
然不見其迹斯天道之所以盡神也人君法
天以治故皇極之疇曰無有作好無有作惡
無黨無偏王道蕩平無反無側王道正直是
聖人之心法與太虛而同體也夫使天下而
盡由於蕩平則聖人固可不賞不怒垂衣拱
手而默順於理乃人之才性殊科而世之情

僞多變將默然而任之乎不容以無爲也將一法而治之乎不能以盡變也於是以其皇極之體敷之爲三德之用撫平康以正直馭強弱以剛柔有正治之者焉以剛克剛以柔克柔是已有反治之者焉以剛克柔以柔克剛是已其情爲喜怒其發爲好惡其事爲生殺予奪其權爲威福命討其具爲禮樂法制爵祿鈇鉞是聖人之治法與日月風霆雨露霜雪竝運者也然其爲用妙矣或純用乎剛而天下不見以爲毒或純用乎柔而天下不

見以爲懦或剛而行之以柔或柔而行之以剛或先剛而後柔或先柔而後剛鼓之舞之使天下日遷善遠罪而莫測其所以然者是聖人之所以法天而盡神也蘊之於內則渾涵精粹貫徹於幾微而化原以正運之於外則交發互施錯綜於萬變而化理以弘其相須之妙用如此朱熹所謂乂用三德實爲權衡陳卿所謂皇極以體常以立本三德以盡變以趨時蓋得其旨哉三五之隆至德淵閎運用之妙六籍所不能模焉畧觀其迹弼敎

明刑疑於剛矣格苗舞羽又何柔也下車泣罪疑於柔矣後至之誅又何剛也秉鉞烈烈疑於剛矣敷政優優又何柔也淒然似秋而人不以為私怨煦然似春而人不以為私德要之歸於平康正直而已斯舜禹成湯之所以善法天也自時厥後世道寖衰天亦不畀以洪範九疇世主闇於大道好惡反側既無以建皇極之體至其治理則亦就其才性之近者而成之漢文躬修玄默幾致刑措似矣而強宗悍虜莫能制也漢宣刑名繩下表用

循良似矣而無辜被戮不盡無也光武總攬權綱蓋亦兼用柔道而信讖失刑有遺議焉唐太宗力行仁義固已身致太平而推刃同氣有餘媿焉明帝政務嚴切章帝事從寬厚唐宣精於聽斷無復仁恩宋仁仁柔有餘剛武不足則又知其一而不知其二所謂東壁而望不見西牆者也彼所謂英君哲王也而猶如是況乎優柔好儒術而倒持國柄威強則武宣而見制外戚含忍姑息而凌逼於方鎮猜忌刻薄而播遷於奉天如元哀代德者

又烏足道哉我
太祖高皇帝崛起淮甸肇造區夏體備玄德治兼
往聖觀其和撫四夷不勤遠畧則舞干不足
以爲文戡吳滅漢拯民水火則秉鉞不足以
爲武定律令鋤強梗則象刑戮逆不足以爲
威赦災眚蠲田租則泣罪解網不足以爲德
臣嘗伏讀
御註洪範以陰騭下民屬之天以相協厥居屬之
君蓋仰而頌曰斯天再錫我
聖祖以洪範九疇也斯世斯民歸極會極二百年

矣我
陛下紹休聖緒精求上理虛已懸衡因物順應則
好惡之私不作祛偽剗浮敦本責實則偏陂
之習已消蠲逋稅謹讞獄獎賢能行久任至
恩也柔道也振材官飭學校誅俠少申禁令
至威也剛道也臣嘗伏讀
聖諭
曰朕方嘉與臣民會歸皇極之路
曰用臻師師濟濟之風歸於蕩蕩平平之域蓋
又仰而頌曰斯天三錫我

皇上以洪範九疇也紀綱振舉黎庶樂業四夷嚮
風百嘉暢遂建極之本三德之用
陛下蓋允蹈之而平康會歸之化蓋已同符
烈祖追配哲王矣乃
聖問猶以為教化未洽風俗亦同吏治未盡還淳
人心未盡歸厚自引以為好惡未端三用未
當而求所以明教正俗馭吏率人之化臣愚
何足以知之雖然臣聞古語君行意臣行事
故明其義者君也能其事者臣也今
朝廷所以明教正俗馭吏率人布之

10418

詔令著之章程者固已至精至備第令有司能其
事而奉其職
陛下端拱受成事耳奚必更求他術哉惟是意之
所在則臣敢以兩言獻焉其一曰明剛柔之
實其二曰堅持久之志斯兩者臣之所謂治
天下之意也夫聖人之所謂剛非曰嚴刑峻
法以立威也法立而使民不敢犯令一而使
民知所守賞當而信罰行而必興事考成實
事求是而偷惰浮冗者不得以病吾治是剛
之實也聖人之所謂柔非曰姑息委靡以市

恩也矜不能赦小過不侮鰥寡不虐無告恤
困窮使閭閻無愁嘆之聲理冤抑使犴狴無
沉滯之獄是柔之實也寓敦大於明作行正
直於忠厚以義爲威而不以怒爲威以德爲
惠而不以私爲惠則
聖問所謂善用三德者也世之論治者不達於此
苟見
朝廷纔一用法則以爲過剛而與嚴刑峻法者
並譏徒見姑息萎薾則以爲用柔而與子惠
保愛者齊譽非知變達化之士也故剛柔之

實臣頤

陛下辨焉夫天道運而不已故能成悠久之化帝道運而不已乃能深淪洽之仁故事美成在久而人之情始乎勤嘗卒乎怠是以聖人治天下兢兢業業慎終如始譬之日月遞照陰陽代謝無日不運於太虛之中而不見其止息故氣化無壅而歲功成世之務近小者苟見人之不率於教與世之不發於理不忿頑而求備即苦難而中止斯治之所以小康也故恒久之道臣頤

陛下體焉允若茲以之明教而何患乎教化之未洽以之正俗而何患乎風俗之未同以之馭吏而何患乎吏治之不淳以之率民而何患乎民心之不厚哉若夫子產以水火喻寬猛賈誼以芒刃斧斤擬德法崔寔以梁肉藥石譬寬嚴其意則一主於用剛者也董仲舒以陰陽配刑德陳寵以琴瑟證緩急其意則一主於用柔者也斯憤世之孤談非致理之通議也夫天不能以羇陽獨陰育成萬物而人主之治獨可以偏用剛柔也與哉欲矯世主

之偏而不知已自蹈於一偏不足爲
陛下誦也雖然有本焉三德之用原於一心心不
可以一有蔽也蔽於愛憎則喜怒用而好惡
作矣蔽於私邪則用舍謬而偏黨成矣蔽於
逸樂則志意昏而頹僻彰矣化原不端而欲
三德之用不亦難乎臣願
陛下建皇極必求之於心恭以作肅從以作乂明
以作哲聰以作謀睿以作聖敬止之德必務
於緝熙剛健之精必期於純粹則一念之慈
愛即爲仁一念之裁制即爲義斯之謂合天

之心法而行之爲憲天之治法民歸皇極世
底平康而康彊逢吉之慶端有在於
今日矣臣愚幸甚天下幸甚臣草茅不識忌諱
干冒
宸嚴不勝戰慄隕越之至臣謹對

臣蕭良有

臣對臣聞帝王之繼天以凝命也必全君德以端天下之大本而後可以弘建極之功必酌時宜以運天下之大權而後可以臻歸極之化何謂本涵之淵微斂之密勿寬裕溫柔藹然而為仁發強剛毅截然而為義是已一有弗全則乖君德而心法之蘊也且偏駁而不純何謂權布之經綸宣之法制出其仁以為柔而和平之惠普出其義以為剛而震疊之威行是已一有弗酌則拂時宜而治法之

施也將壅閼而不暢故必以仁義佐君德而
措之乎剛柔天下謂其沉潛而剛克者固在
也天下謂其高明而柔克者固在也則皇極
之體立而建極之功可肇修於上矣又必以
剛柔酌時宜而基之乎仁義慮天下之以委
靡兆敝端而義以振之也慮天下之以操切
傷國脈而仁以緩之也則皇極之用彰而歸
極之化可丕應於下矣治古帝王一人握紀
而百辟承風五位凝精而九圍式命遵此道
耳晚近世柔焉而遂廢乎剛剛焉而遂忘乎

柔則大本之所蘊既乖宜剛也而柔隳之
柔也而剛激之則大權之所施又拂矣怪乎
功業之鮮綦隆而治化之難周洽也哉欽惟
皇帝陛下
秉聰明睿智之資
備文武聖神之德
孝養純至儼乎一視膳之規
問學精勤宛乎一訪落之矩賢俊登於寮寀
威德覆於華夷四海安瀾五辰順軌固已臻上
理底寧平矣乃猶

聖不自聖進臣等於
廷
俯賜
清問惓惓於皇極三德之說追三代之淳風隲後
王之已事而咨度臣等以明教正俗馭吏率
人之道也豈以臣等中亦有能闡經術揭化
原以仰助我
皇上建極之萬一者乎顧臣非其人也雖然臣愚
力懃稽古志切輸忠有日矣其敢不披瀝以
對竊惟周書洪範非古帝王治天下之大經

大法乎玆試考之建用皇極是君人者之心
法也精一不雜以宰乎剛柔即三德之隱而
未見者也乂用三德是君人者之治法也剛
柔相濟以成乎正直即皇極之顯而大行者
也有皇極為之統攝故曰以體常以立本有
三德為之權衡故曰以盡變以趨時舍剛柔
而求正直與不善用三德而猥云極之建者
均非矣信哉二者之異用而同體也胡不引
虞夏殷之事觀之格苗以干羽而好生之德
洽乎民心人皆曰舜之用柔矣乃象刑弼教

又何章章然放流必嚴也肆會以統衆而防
風之戮不少假借人皆曰禹之用剛矣乃罪
人遇途又何𠢽𠢽然下車而泣也優優以敷
政而予惠之恩遍於困窮人皆曰湯之用柔
矣乃秉鉞宣威又何烈烈然為亂流殄也夫
聖人之意蓋亦可見矣以為天下方林林總
總待我以約束而為之弛法制隳禁令則馬
脫於轡銜兕脫於牢檻治體日褻於上而紀
法日玩於下天下幾何而理也是不明於剛
之德者也非正直也又以為天下方喁喁嗷

噭待我以安養而爲之持苛細尚綜覈則魚亂於網罟鳥亂於畢弋四海莫必其命而萬民莫若其生天下又幾何而理也是不明於柔之德者也非正直也彼帝王誠辨之矣以剛柔時措爲正直以剛柔正直懋建爲皇極故三代之隆不襲法而奏功不易民而成化豈非君德全而時宜不拂之效哉遡漢以來號英誼之君而享熙平之治者大抵皆繇於此文帝躬修玄默專尚德化而風移俗易基炎祚之長宣帝刑章繩下綜核名實而吏稱

民安闗中興之烈太宗力行仁義身致太平
而貞觀之理於唐為盛世祖柔道理物總攬
權綱而建武之業于漢有光之四君皆能審
勢度時補偏救弊庶幾乎善用三德者顧人
徒知其治之美而不知其時之宜也藉令任
綜核於高惠繼體之時則刻矣守仁柔於博
陸擅權之日則隳矣峻刑威於亡隋苛察之
後則暴矣忽總攬於漢家再造之初則弛矣
何以明其然也政務嚴切事從寛厚明章異
尚也然而各適於治也因時而措無害其與

治同道焉耳優柔好儒術威强則武宣元哀異趨也然而均底於亂也拂時而施均之為與亂同事焉耳宋仁宗時當休養因而仁柔慶曆之盛所由建也茍以含容養亂如代宗者律之而謂太柔之必廢可乎哉唐宣宗時當振奮因而精斷貞觀之美所由媲也茍以猜刻播遷如德宗者律之而謂太剛之必折可乎哉繇斯以談皇極剛柔之德固非有所低昂也貴乎兼濟亦非有所先後也要在相時往跡班班可考鏡已仰惟

皇上臨御以來泰道一新休風四訖所爲
明詔天下黜朋比期蕩平祛僞剗浮敦本責實蓋
八載於玆矣而
宸衷益孜孜不能無疑於敎化未洽風俗未同吏
治未盡還淳人心未盡歸厚歟然若以爲三
德之用尙有所未盡當也大哉
皇言是何其望治之殷而自責之重也一至此哉
臣竊以爲上之化下猶風之偃草也下之從
上若泥之在陶也以
陛下之建極綏猷如此其至薄海內外宜何如以

應之乃今天下有少謬不然者敎化宜洽也
而漸仁摩義之效稀聞每歷程顥之嘆風俗
宜同也而蔑禮敗度之徒彌熾恒切荀卿之
憂吏治之還淳豈盡無之然武健懷巧而希
最課者往往政闕於鳳鸞人心之歸厚豈盡
無之然嵬瑣奇衺而取世資者往往弊流於
鬼蜮如是而欲仰追治古陋晚近世於不居
難矣是宜
宵旰咨詢而深致審於皇極剛柔之說也臣愚以
爲剛柔非異用也乃仁義之時出而襄其政

者也譬之水寒而火熱也可相有而不可相
無也譬之水潤而火燥也可相濟而不可相
病也貴在因時而措云耳今
陛下獨秉全德兼聽穆清仁煦如春義肅如秋大
本業已端矣斟酌其大權之運而時措之則
令政之所宜先者不可得而籌乎蓋承平既極
則人情之偷惰漸生泰階既寧則天下之疵
類從起化之所以壅謂非因循之過不可也
臣願
陛下察理道之原謹時幾之勑究循襲之弊大振

刷之規敎化未洽司敎者之責也得一胡瑗
其人亟奬之苟視立敎興化爲故事則懲戒
之典不可以弗嚴風俗未同維風者之咎也
得一韓延壽其人亟擢之苟忽移風易俗爲
彌文則激揚之章不可以弗飭埋人而有黃
霸召信臣之績優以璽書可也遷其爵祿亦
可也不然即烹阿如齊威而不以爲忍敦行
而有徐積王彥方之風表其閥閱可也迎以
蒲輪亦可也不然雖誅正卯如尼父而不以
爲刻庶天下曉然見德敎而曰

大聖人之迪我如此也又凜然畏明威而曰
大聖人之不輕於貰我如此也孰有不回心嚮道
而滌志以承休者哉嗟乎子產之告太叔也
以水火論寬猛而戒水柔之易狎陳寵之告
章帝也以琴瑟喻緩急而謂懲慝之宜威苦
刃斧斤則賈誼感諸侯之髖髀而欲消七國
之釁梁肉藥石則崔寔痛外戚之暴橫而欲
折兩大之萌彼四說者良喆人經世之遠圖
亦
今日濟時之宏軌也毋論四子即使董相生於

斯世不復以任德不任刑之說進矣雖然炮
烙剔刻驥誠苦之顧所以調驥之性使無敗
乘者則炮烙剔刻之功也青黃雕鏤木誠患
之顧所以成木之用使無棄材者則青黃雕
鏤之力也今
陛下誠奮明威於孔赫措德教於丕昭則雖嚴也
亦寬之用也雖義也而獨非所以善成其仁
也歟端大本以弘建極之功而皇極三德之
用以豫運大權以臻歸極之化而皇極三德
之體乃成陟五三之登閎而視漢唐宋爲僕

邀無足數者端有望於
今日也已抑臣於終篇猶有
獻馬朝廷者四方之極也正心者平情之原也
故以遵道敏德望天下則本原之地當始諸
朝廷以剛柔正直約吾情則涵養之功當嚴
於方寸唐虞所謂精一三代所謂中而近代
之所以盤馬而靡當與夫雜馬而未醇者皆
是物也蓋其本不可誣而其機不可忽者也
臣願
陛下握化樞於宥密慎理欲於初分自

大廷以及
深宮無地非敬即幽獨而嚴時保之忱自常伯
以及虎賁無人弗敬即匹婦而切勝予之儆
經費可節用從其省無以物力方富而興土
木馳騁可娛幾嚴諸獨無以
春秋鼎盛而事盤遊則由是而出焉一念之果毅
即剛之正直也天下所以肅然而恐也一念
之惻怛即柔之正直也天下所以藹然而孚
也有心極而建極之用妙於一身有身極而
歸極之化橫乎四海如是而猶患於敎化未

洽風俗未同吏治未盡淳人心未盡厚天下無是理矣於乎君譬則盂也天下譬則水也水之方員未有不隨盂者故正己所以率物也心譬則帥也剛柔之情譬則卒也卒之振靡未有不隨帥者故養心所以平情也其效甚弘而其機特在

陛下之方寸間耳惟

聖明留意焉臣草茅之士不識忌諱干冒

宸嚴無任戰慄隕越之至臣謹對

臣王庭譔

臣對臣聞帝王之乘乾以御世也必主之以執中之德而後可以立天下之治本必運之以用中之政而後可以建天下之治功何謂德定志於淵微凝神於密勿爲有容爲有執適得其剛柔之體焉而無偏無倚是已何謂政經畫於廟堂流行於海宇爲仁育爲義正適得其剛柔之用焉而不競不絿是已德無定體惟中是體則治道之常變因革何所不該而治本以立政無定用惟中是用則治道

之緩急張弛何所不宜而治功以建苟一於
剛而不濟之以柔其弊也流於操切而刻深
果何以培植國脈維繫人心而使之不可解
乎一於柔而不濟之以剛其弊也流於姑息
而縱弛果何以整齊法制維持紀綱而使之
不可紊乎故有柔以濟乎其剛則其剛也為
剛中將見威令日振厲於天下而不得以議
王者之苛有剛以濟乎其柔則其柔也為柔
中將見惠澤日浸灌於天下而不得以議王
者之懦敦大明作而朝廷布畫一之政畏威

懷德而萬方臻康乂之休自古聖帝明王之
所以法行九有而德被含生功與造化侔而
名與天壤俱者隆此道也欽惟
皇帝陛下
秉聰明睿智之資
備仁義中和之德應帝王五百載之昌期而光
膺
寶曆紹
祖宗億萬年之大統而丕振
瑤圖

至道純天八表仰就日望雲之範
時幾合妙四海荷規天條地之動駿烈鴻功輝
映千古深仁厚澤漸被一時卽詩書所稱曷
以加焉茲特進臣等於
廷而
俯垂
清問首舉建皇極用三德之說而且以明教正俗
馭吏率人之道孜孜延訪誠
聖不自聖之心也臣伏處蓬藋未諳治國之要其
何以奉

明詔塞大對雖然臣疇昔之所誦習者志在抒一
得以佐末議耳今也幸叨有司之薦得親
文陛侍
赤墀敢不披瀝悃誠以對揚
聖訓於萬一乎臣竊聞之揚雄氏有曰天先秋而
後春乎抑先春而後秋乎春司生養而秋司
肅殺此左刑右德之說也又聞之韓非子有
曰城高五丈而樓季不敢踰太山之高百仞
而跛羊牧其上豈樓季顧怯於跛羊哉峭塹
之勢異耳此左德右刑之說也夫必如揚子

之說則一於恩而不佐之以威人將玩焉而不知所警必如韓子之說則一於威而不主之以恩人將憚焉而不知所懷是恩也威也如水火之相濟然可相有而不可相無者也惟在斟酌其時之所尚而劑量其勢之所宜耳時有强弱勢有緩急處强者利用惠急之則決裂而不可馴擾語云風林無寧翼湍水無怗鱗是已處弱者利用威緩之則委靡而不可振刷語云衣久而不浣則汚器久而不徙則敝是已乘彊之後以用惠則其惠常流

而不屢秉弱之後以用威則其威常奮而不
折不覩之天乎暄之以日月潤之以雨露震
之以雷霆肅之以霜雪一闔一闢一舒一慘
固各有所以宜之者使暄之潤之者而可以
不變也則胡然而必兼之以震且肅使震之
肅之者而可以不變也則又胡然而必兼之
以暄且潤陰陽寒燠交相為用而覆載生成
總歸於仁此天之所以為天也王者代天理
物則凡賞罰慶讓進退予奪皆奉若天道而
為之者也故當其未有所感之先廓然而太

公不見可喜不見可怒其心一純天之心也及其既有所感之後物來而順應無有作好無有作惡其政一憲天之政也其寬也如大造之育萬有洪纖動植無一不囿於覆冒之中者而又不以煦煦傷吾仁其嚴也如貞觀之燭六合隱見巨細無一不在其兼照之內者而又不以察察傷吾義此百王致治之要術而萬古不易之定論也臣伏讀

聖制有曰古帝王大經大法具在周書洪範而歸本於建用皇極乂用三德之說夫皇極者何

智勇之有關也意者實心之或閒也願
陛下勿二勿三而以寡欲爲清心之要惟時惟幾
而以敬
天爲勤民之本毋以一暴十寒而漓此心毋以左
許右史而惑此心毋以前鄭後衛而荒此心
毋以土木游畋而擾此心夫然則心之照育
何往弗仁而蔀屋之下必無不被之夫心之
精明何往弗智而
輦轂之下必無法外之姦心之果毅何往弗勇
而常發能斷必無旁落之弊何患乎吏治何

[illegible][illegible]風何畏乎民兵之不安也哉雖然此非臣之臆言也昔孔子論九經而推其本曰行之者一司馬光亦謂誠之一言可以終身行之者臣愚誦法孔子所願為司馬執鞭而未之逮平生志學惟此一語抑又聞先臣有言誠言乃事君第一義不可有欺臣惟不敢欺此心以欺

陛下故敢以務實為

獻惟

陛下留神而采擇焉

浙江鄉試錄序

萬曆壬午浙江當大比士維
時巡按御史張文熙寔監臨
之既入院簡諸執事若提調
屬諸藩使吳自新顧養謙監
試屬諸臬使馮時雨楊標分
司校事以九校官而以溥與

教諭程端容陳文銓陳承芳
區大嵩訓導趙思基王天麟
張炳龍起春署其裁焉於是
合督學憲臣劉東星所選士
凡二千七百有奇三試之得
九十人以
獻有司者按故事宴而成之於

是溥拜稽首颺言曰綦重哉
選爾諸士乎爾諸士今者之
遭固即古所謂賓興者也古
者賓興一物不備則不得爾
諸士操寸管而得之何異頼
脫我閫曰以此思易則難者
至以此思難則易者至爾諸

士姑毋自滎侈有執鞭弭而策爾者至焉已何者士平居博衣峩冠哆口而談當世之務具曰能矣及一旦猝及之或艱投之吾不知整暇得似平日否也不幸一不當事機呼吸之間存亡互異股且立

弁卽屬者士譁於伍隨之以
羣不逞訌然橫作有司者旋
報謦定
國家承平二百餘年安於覆盂
意外之虞萬萬無之然是時
亦可謂稱矣爾諸士曷以應
斯夫浙閩龍子之所宮也自

神禹告功至大越上茅山萬
玉帛不戒自集汪罔氏戮焉
何其震也厥後無餘都秦餘
望南千有餘歲而至句踐句
踐欲雪吳恥敎士十年有君
子六千人君子云者卽吳所
名賢良齊所名節制士盡姑

蔑以東禦兒以南產也今尺
籍隸者何獨非其人然考其
時越人士乃無擇老幼咸願
畢力以致義烈於其主蓋至
於報吳存國會齊晉諸侯於
泗上天王賜胙命伯而後知
六千人者眞君子哉何其訓

之而卽順用之而輒效也爾
諸士知有紙上陳言耳其所
稱說千歲以前事若數一二
別白黑可謂較甚然吾不敢
遽準何者人無難於懸斷難
於嘗試事無難於隨順難於
猝乘故應猝者貴豫明試者

以功吾姑置遠事弗論論其
近者昔劉文成暨儒耳躡屩
擔簦以見
高皇帝一語建萬世之業摧強敵
蕩腥羶倏忽萬變而不窮于
肅愍一綈袍上
殿腋

景皇除姦肅紀片言而定遂收

回蹕之勳王新建幅巾講道俄

聞宸濠之變馳入吉安一麾

而逆藩授首夫此三君非當

時所謂龍化虎變之大人觸

斯應應斯效者邪諸士幸生

三君後未嘗身際斯景徒執

臆見騁筆鋒以摧古今之非
是則可若漫自謂能勔勸割
煩劇前無千古後無三君此
大言無當人耳何實之可効
主上圖新化理日警於有位非篤
誠不二心之臣不以登非懇
悃之論不以見於行古之君

子居安類不忘危今地誠大
人誠衆物力誠詘謠俗誠澆
具鏡於吾前有象爾諸士處
不諱之
朝宜如何奮夫智者燭萌勇者
薙本豫之弗謀而猝是謀鮮
不蹶矣其務竭款款無貳爾

心無飾爾言久將
主自明不易哉其治天下乎是在
諸士先是三月屬前所指譁
士者
上命少司馬張佳胤以都御史撫
定之大江以南式底靜謐維
時御史孫旬風猷肅穆佐都

御史御史若輔車然於是言
官謂浙事重宜更置大僚乃
簡藩臣舒應龍等臬臣徐元泰等
以往誠重之也若刑部郎中
霍珹東以省刑至戶部主事
韓取善以督漕至工部主事
王謙南京戶部主事朱讓以

榷關至均樂觀厥盛而左叅

政劉(世貴)副使陳(淵)張(子仁)

署都指揮僉事常(鎛)王(揆武)

錢(經濟)亦胥有職於榷院者

焉若副使徐(汝陽)叅議唐(本

堯)署都指揮僉事馬(繼武)先

期入

賀前左布政使游季勳劉漢儒

右布政使郝杰按察使王湘

僉事許一德李宗魯皆始事

有勞得附書

直隸蘇州府崑山縣儒學教

諭周溥謹序

萬曆拾年浙江鄉試

監臨官

巡按浙江監察御史張文熙 質夫廣西臨桂縣人丁丑進士

提調官

浙江等處承宣布政使司右參政吳自新 伯恒應天府江寧縣籍直隸祁門縣人戊辰進士

浙江等處承宣布政使司右參議顧養謙 益卿直隸通州人乙丑進士

監試官

浙江等處提刑按察司副使馮時雨 化之直隸長洲縣籍崑山縣人戊辰進士

浙江等處提刑按察司副使楊　標 廷曆江西清江縣人丙辰進士

考試官

直隸蘇州府崑山縣儒學教諭周　溥　德充廣東瓊山縣人 丁卯貢士

江西吉安府廬陵縣儒學教諭程端容　孟禮直隸婺源縣人 庚午貢士

同考試官

江西贛州府會昌縣儒學教諭陳文銓　子衡福建福清縣人 丁卯貢士

直隸徽州府黟縣儒學教諭陳承芳　萬春福建莆田縣人 庚午貢士

直隸安慶府望江縣儒學教諭區大憲　惇伯廣東順德縣人 丁卯貢士

福建泉州府南安縣儒學訓導趙思基　叔厚廣東番禺縣人 辛酉貢士

廣東廣州府連州儒學訓導王天麟　文瑞廣東海南衛籍 瓊山縣人庚午貢士

福建泉州府永春縣儒學訓導張　炳　應時福建侯官縣籍閩縣人癸酉貢士

湖廣荆州府夷陵州宜都縣儒學訓導龍起春　時化四川黎平府籍湖廣枝江縣人癸酉貢士

印卷官

浙江等處承宣布政使司經歷司經歷張　炤　文華直隸涇縣人監生

浙江等處提刑按察司經歷司經歷吳游藝　子才直隸霍丘縣人監生

收掌試卷官

兩浙都轉運鹽使司運使游應乾　順之直隸婺源縣人乙丑進士

杭州府知府劉伯縉　薦卿山東武城縣人戊辰進士

嘉興府知府龔　勉　子勤直隸無錫縣人戊辰進士

湖州府知府熊汝器 國用江西南昌縣人乙丑進士

紹興府知府傅寵 君錫四川巴縣人乙丑進士

台州府知府張會宗 子霞陝西涇陽縣籍福建晉江縣人辛未進士

金華府知府梁式 似之山東[illegible]縣人戊辰進士

衢州府知府史詡 敏卿江西永新縣人壬戌進士

嚴州府知府鄧起宗 光甫湖廣江陵縣人乙卯貢士

受卷官

嘉興府同知方揚 思善直隸歙縣人辛未進士

處州府同知周守愚 從古江西永豐縣人乙丑進士

杭州府推官王守素 德之順天府栗水人 庚辰進士

湖州府推官張肇 子基直隸丹陽縣人 庚辰進士

寧波府推官秦大夔 舜卿山東臨清衛籍直隸吳縣人庚辰進士

處州府推官鄧啓愚 良知湖廣敍浦縣人 庚辰進士

湖州府安吉州知州章潤 實甫直隸江都縣人 丁丑進士

杭州府仁和縣知縣陳良棟 用隆四川宜賓縣人 丁丑進士

嘉興府秀水縣知縣朱來遠 文甫直隸盧江縣人 丁丑進士

彌封官

杭州府錢塘縣知縣孫琥 幼文山東平陰縣人 庚辰進士

嘉興府嘉興縣知縣顧雲程
務遠直隸常熟縣人 丁丑進士

湖州府歸安縣知縣李際春
和元湖廣蘄州人 丁丑進士

寧波府鄞縣知縣楊芳
以德四川巴縣人 丁丑進士

寧波府慈谿縣知縣支應瑞
汝賢江西進賢縣人 丁丑進士

紹興府山陰縣知縣張鶴鳴
汝誠直隸徐州人 庚辰進士

紹興府上虞縣知縣朱維藩
价卿直隸淮安衛人 丁丑進士

台州府臨海縣知縣李應祥
善徵直隸無錫縣人 丁丑進士

金華府金華縣知縣汪可受
以虛湖廣黃梅縣人 庚辰進士

處州府龍泉縣知縣陳應芳
元振直隸泰州籍江西吉水縣人甲戌進士

謄錄官

杭州府海寧縣知縣吳宗熹 伯焜福建南靖縣人 庚辰進士

嘉興府嘉善縣知縣王三陽 乾甫福建晉江縣人 庚辰進士

嘉興府桐鄉縣知縣高梅 汝調四川內江縣人 甲戌進士

湖州府烏程縣知縣羅用敬 子直江西南昌縣人 丁丑進士

紹興府會稽縣知縣劉綺 文[illegible]湖廣沔陽州人 丁丑進士

紹興府諸暨縣知縣謝與思 [illegible]廣東番禺縣人 庚辰進士

台州府寧海縣知縣黃淳 秋[illegible]廣東新會縣人 庚辰進士

金華府蘭谿縣知縣俞均 邦[illegible]江西新建縣人 戊辰進士

金華府永康縣知縣吳安國 又仰直隸長洲縣人 丁丑進士

衢州府西安縣知縣李一陽 長卿直隸丹徒縣人 丁丑進士

溫州府永嘉縣知縣丘汝林 德甫福建漳浦縣人 庚辰進士

對讀官

嘉興府海鹽縣知縣蔡逢時 應期直隸宣城縣人 庚辰進士

嘉興府平湖縣知縣劉士瑗 允玉江西安福縣人 丁丑進士

湖州府德清縣知縣陳效 忠甫四川井研縣人 庚辰進士

紹興府餘姚縣知縣丁懋遜 允節山東霑化縣人 庚辰進士

紹興府新昌縣知縣劉庭蕙 惠徵福建漳浦縣人 庚辰進士

台州府黃巖縣知縣劉順徵 懋承雲南右衛籍山西大同縣人庚辰進士

金華府義烏縣知縣范僊 國士江西高安縣人丁丑進士

金華府東陽縣知縣黃文炳 懋新福建同安縣人丁丑進士

嚴州府建德縣知縣俞汝爲 毅夫直隸華亭縣人辛未進士

溫州府樂清縣知縣胡汝寧 文禎江西南昌縣人甲戌進士

處州府遂昌縣知縣鍾宇淳 道復直隸華亭縣人丁丑進士

巡綽官

台州衛署都指揮僉事孫子孝 元承順天府大興縣人

觀海衛指揮使孫蓋臣 念祖河南安陽縣人

海寧衛指揮同知彭紹賢 孔嘉直隸全椒縣人

昌國衛指揮同知朱九經 大常直隸蕭縣人

海門衛指揮同知俞舜 子仁直隸合肥縣人

湖州守禦千戶所副千戶徐相 輔德河南偃師縣人

搜檢官

定海衛指揮使金梧 宗鳳順天府宛平縣人

寧波衛指揮僉事周翱 應齊直隸盱眙縣人

溫州衛指揮僉事洪光勳 良輔浙江金華縣人

金鄉衛指揮僉事魯東望 汝高直隸合肥縣人

金華守禦千戶所副千戶周世德 仲延山東德州人

嚴州守禦千戶所副千戶阮應椿 時茂浙江鄞縣人

供給官

浙江等處承宣布政使司理問所理問熊　涵 子融四川開縣人恩貢

浙江等處承宣布政使司理問所副理問張元孝 汝錫直隸淶水縣人選貢

浙江都指揮使司斷事司斷事武尚懿 邦孚應天府溧水縣人監生

寧波府同知陳　文 美中直隸丹徒縣人甲子貢士

嘉興府通判張繼芳 子述雲南中衛籍河南祥符縣人甲子貢士

湖州府武康縣知縣蔣自亮 執甫廣西全州人丁卯貢士

金華府浦江縣知縣文元發　子儕直隸吳縣人　恩貢

嚴州府桐廬縣知縣楊東　賓朝福建建安縣人　辛酉貢士

溫州府瑞安縣知縣齊柯　文則江西南昌縣人　乙卯貢士

杭州府經歷司經歷李文約　學曾河南寶豐縣人　恩貢

杭州府經歷司知事顏文聰　明夫直隸宣城縣人　吏員

杭州府仁和縣縣丞詹節　伯亨湖廣江夏縣人　恩貢

杭州府仁和縣縣丞夏景　時亨直隸蕪湖縣人　監生

杭州府餘杭縣縣丞游于善　君寶四川南溪縣人　恩貢

湖州府歸安縣主簿胡夢麟　惟興江西餘干縣人　監生

台州府僊居縣主簿吳正大 毅卿直隸休寧縣人 承差

杭州府餘杭縣典史朱　諒 益之直隸涇縣人 吏員

嘉興府秀水縣典史唐時化 子雨直隸江都縣人 吏員

湖州府武康縣典史李思誠 子敬江西豐城縣人 吏員

湖州府安吉州孝豐縣典史趙　仕 邦佐直隸嘉定縣人 承差

溫州府瑞安縣典史浦　謨 文卿直隸常熟縣人 承差

處州府縉雲縣典史宋應朝 邦承江西進賢縣人 承差

杭州府吳山驛驛丞王　珂 汝鳴直隸邳州人 承差

湖州府苕溪驛驛丞沈汝存 義卿浙江仁和縣人 承差

台州府赤城驛驛丞王之楫

邦濟浙江龍游縣人

歲貢

第壹場

四書

康誥曰如保赤子心誠求之雖不中不遠矣未有學養子而后嫁者也

子曰不得中行而與之必也狂狷乎狂者進取狷者有所不爲也

徐子曰仲尼亟稱於水曰水哉水哉何取於水也孟子曰原泉混混不舍晝夜盈科而後進放乎四海有本者如是是之

取爾苟爲無本七八月之間雨集溝澮皆盈其涸也可立而待也故聲聞過情君子恥之

易

初九拔茅茹以其彙征吉象曰拔茅征吉志在外也九二包荒用馮河不遐遺朋亡得尚于中行象曰包荒得尚于中行以光大也九三无平不陂无往不復艱貞无咎勿恤其孚于食有福象曰无往

不復天地際也

象曰玉鉉在上剛柔節也

見乃謂之象

師者衆也衆必有所比故受之以比

書

曰后克艱厥后臣克艱厥臣政乃乂黎民

敏德帝曰俞允若玆嘉言罔攸伏野無

遺賢萬邦咸寧稽于衆舍己從人不虐

無告不廢困窮惟帝時克

若農服田力穡乃亦有秋
惟御事厥棐有恭
旌別淑慝表厥宅里彰善癉惡樹之風聲
弗率訓典殊厥井疆俾克畏慕申畫郊
圻慎固封守以康四海

詩

淑人君子其儀一兮其儀一兮心如結兮
我孔熯矣式禮莫愆工祝致告徂賚孝孫
苾芬孝祀神嗜飲食卜爾百福如幾如

式既齊既稷既匡既敕永錫爾極時萬

時億

大任有身生此文王

敬之敬之天惟顯思命不易哉

春秋

遂及齊侯宋公盟 莊公十有九年

楚人侵鄭 僖公二年 齊人執陳轅濤塗 僖

公四年

春白狄來 襄公十有八年

夏齊侯衛侯胥命于蒲桓公三年秋八月諸侯盟于首止僖公五年九月戊辰諸侯盟于葵丘僖公九年公會晉侯宋公衛侯曹伯齊世子光莒子邾子滕子薛伯杞伯小邾子伐鄭會于蕭魚襄公十有一年叔孫豹會晉趙武楚公子圍齊國弱宋向戌衛齊惡陳公子招蔡公孫歸生鄭罕虎許人曹人于虢昭公元年

陰陽和而萬物得

是故樂之隆非極音也食饗之禮非致味也清廟之瑟朱絃而疏越壹倡而三歎有遺音者矣大饗之禮尚玄酒而俎腥魚大羹不和有遺味者矣

備者百順之名也

子云善則稱君過則稱已則民作忠君陳曰爾有嘉謀嘉猷入告爾君于內女乃順之于外曰此謀此猷惟我君之德於

乎是惟良顯哉

第貳場

論

天下國家之大務

詔誥表內科一道

擬漢令二千石修職詔景帝後二年

擬唐以房玄齡杜如晦爲僕射誥貞觀三

年

擬

御製輔臣賛和詩集序
示大學士楊一清等謝表嘉靖七年
判語五條
收藏禁書及私習天文
投匿名文書告言人罪
在官求索借貸人財物
虛費工力採取不堪用
織造違禁龍鳳文段疋
第叁場

策五道

問自古聖帝明王雖履泰寧之世猶然兢
業抑畏延納忠謨唐虞遜矣逮商周時
如伊傅姬公之告其君動稱先王以爲
儆戒迺其君不憚委已從之迄爲一代
令主登上理而肇鴻圖治固莫尚於法
祖與三代而下有書貞觀政要於屏風
每正容斂手而讀之者有進講三朝寶
訓注目傾耳隨事咨詢不倦者視商周

令主奚殊夷考其實政乃不逮遠甚意
者其詒謀不足法耶亡其誦法者以文
不以實耶何治效之闊疎也洪惟我
祖
宗創造於前
列聖紹庥於後至我
皇上益繼序而闡揚之
聖德睿猷卓邁千古矣頃歲
僉輔臣之請輯

累朝
訓錄分類編摩稍倣貞觀政要釐爲條目者以
四十計
便殿進
講
特賜延納凜然陟降紹庭之思矣顧孫卿有言
主術約而易操也主好要則百事詳即
此四十事胥一一而畫之日亦不遑給
耳玆欲掇要探本稽

祖
宗故實爲我
皇上保治之助爾多士其各攄所見焉
問入主需材汲易天下奚啻饑渴顧材品不同眞似靡辨脫眩於名實則似材者類得以倖進而眞材隱矣我思古人有名實之相副者有有其實而無其名者有有其名而無其實者有蚤蒙不美之名而晚令者有始被貪濁之名而終著

高操者有初陷兇惡之名而後更改行
者有陽附君子之名而陰實爲小人者
有外近小人之名而中實爲君子者蓋
不可以一端盡也人主亦安從而辨之
俾不爲名實所眩歟夫狥名而失實有
國者之大患也玆欲俾登進者皆眞材
而各獲其用似材者罔所售而倖進之
實塞果何道而可諸士抱材而待用久
矣幸相與盡言之以驗知人之鑒

問樂以象成其來尚矣古六代皆有樂非
徒作也至韶武而盛傳何與韶武傳于
何時絶于何時亦可得而言與樂起于
聲成于音束于律呂一也乃聲有倍半
音有和謬律有三始七始之别調有六
十八十四之殊果何説與或謂徑象有
同于易納音有符于曆然與否與五音
備而成樂周禮大祭獨無商音律止十
二以象月也乃議者至取增十六者以

焉當土圭之法所以辨方正位也乃布
律候氣者必稍偏而後應抑又何與宋
儒謂元聲難測欲多截管以候黃鐘亦
有據焉否與黃鐘之實歷十二辰而後
備是矣乃約十爲九而法至不可行陽
律下生陰律上生固也而說者又謂蕤
賓以後陽反上生陰反下生果何當與
黃鐘之長積分至八十一所從來久矣
乃說者又謂三寸九分以爲清聲抑何

解與
聖朝積德久矣大樂宜興願相與講明之以爲
考古者地
問士人習尚上翼王敎下表民風所繫非眇小也楊子稱周士貴秦士賤以爲士之貴賤惟時所遷其果然與成周之制自三物教民而賓興之至於論定而官之後又有以詔廢置而計誅賞相見之際非素紹持贊則不得通何詳也一時

髦士斂容戢武於法制教令之中視秦
時縱橫捭闔之徒桀驁橫恣其氣焰傾
於人主此何貴何賤與豈其貴賤固有
所在與兩漢之興士靡不以功業節義
爭相策勵洎其末路浸淫敗壞莫可挽
回或以諂佞成風或以抗激取錮說者
謂皆刱業二君所由作也何前後之相
盭與豈鄒軻氏所稱豪傑之興不待文
王非與方今

主聖時清澤流化布而爲之士者尚未知其爲
周爲秦爲兩漢也玆欲一道德同風俗
周人之制儻可行於今否抑別有道與
故靳與諸士考衷焉

問天下不可一日而無法捐法而求治猶
涉江河而亡維楫鮮有濟矣迺入關而
約法三章克長安而約法十二條至闊
略也而卒爲二代基治之主何歟懸告
姦之格定減爵之令法至詳矣而竟兆

危亡之禍抑又何歟世儒拘於法而不
獲自適至舉聖人之法而力詆之有謂
焚符破璽而民朴鄙剖斗折衡而民不
爭殫殘天下之聖法而後可與論議者
有謂民知書而德衰知數而厚衰知券
契而信衰知機械而實衰者語至拂經
也豈亦有激而言之歟

明自

二祖開基

列聖繼統二百年來
德澤深厚法立而不用至我
皇上端拱而朝萬國垂十禩矣而
威日旁暢論者謂宜養以寬大俾
國家之元氣益實亦自有見歟諸生行持文
墨議論幸熟計之務以質對

中式舉人九十名

第一名姜鏡　紹興府學生　書

第二名李繼韶　縉雲縣學生　禮記

第三名祝以忠　海寧縣學生　易

第四名葉秉敬　西安縣學增廣生　詩

第五名方學龍　淳安縣學生　春秋

第六名陳治則　紹興府學生　禮記

第七名陳典學　平陽縣學增廣生　易

第八名施夢麟　黃巖縣學生　春秋
第九名祝以豳　海寧縣學生　易
第十名陶志高　紹興府學附學生　詩
第十一名孫懋昭　湖州府學生　書
第十二名劉　佳　山陰縣學附學生　易
第十三名陳于王　嘉善縣學附學生　詩
第十四名吳道光　紹興府學附學生　易
第十五名張應宿　平湖縣學生　書
第十六名錢士鰲　錢塘縣學附學生　易

第十七名梅廷哲　永嘉縣學生　詩
第十八名高金諾　臨安縣學生　易
第十九名徐維揚　杭州府學附學生　春秋
第二十名董成允　海寧縣學附學生　易
第二十一名申用嘉　湖州府學生　書
第二十二名張　柖　杭州府學增廣生　易
第二十三名葉文懋　龍游縣學附學生　詩
第二十四名方應科　西安縣學增廣生　易
第二十五名柳宗栻　山陰縣學生　禮記

第二十六名潘士達　安吉州學附學生　書
第二十七名張大受　溫州府學附學生　詩
第二十八名全天敘　寧波府學附學生　易
第二十九名陳三槐　臨海縣學生　詩
第三十名王應芳　歸安縣學生　書
第三十一名葉承櫝　黃巖縣學生　詩
第三十二名任　信　鄞縣學附學生　易
第三十三名王福徵　慈谿縣學附學生　詩
第三十四名何道安　分水縣學生　易

第三十五名王明宰　蕭山縣學附學生　書
第三十六名吳錫德　僊居縣學生　易
第三十七名祖重光　海鹽縣學附學生　詩
第三十八名徐鄴　紹興府學附學生　春秋
第三十九名馮仕　錢塘縣學附學生　易
第四十名沈裕　武康縣學生　書
第四十一名朱　寧波府學附學生　易
第四十二名温允治　烏程縣學附學生　詩
第四十三名胡大臣　山陰縣學附學生　易

第四十四名余崇文　龍游縣學增廣生　詩

第四十五名史秉直　餘姚縣學附學生　書

第四十六名陸　吉　桐鄉縣學生　易

第四十七名陸廷誥　海鹽縣學附學生　詩

第四十八名孫　軾　鄞縣學附學生　易

第四十九名樂元聲　嘉興縣學附學生　書

第五十名金　鏊　紹興府學附學生　易

第五十一名閔遠慶　湖州府學生　春秋

第五十二名沈良臣　會稽縣學附學生　詩

第五十三名孫弘緒　長興縣學增廣生　易

第五十四名張應桂　蕭山縣學生　書

第五十五名汪敬朝　常山縣學附學生　易

第五十六名徐任道　衢州府學生　禮記

第五十七名章爲漢　紹興府學增廣生　易

第五十八名徐彥登　德清縣學附學生　詩

第五十九名徐良橡　常山縣學生　易

第六十名俞廷讓　嘉興府學生　書

第六十一名章允升　紹興府學附學生　易

第六十二名陳堯言　山陰縣學附學生　詩

第六十三名孫能傳　奉化縣學增廣生　易

第六十四名陳渙　台州府學生　春秋

第六十五名史謨　嘉興府學生　書

第六十六名葛孔明　杭州府學附學生　易

第六十七名任矩觀　仁和縣學生　詩

第六十八名王廷錫　錢塘縣學增廣生　禮記

第六十九名葉重光　紹興府學附學生　書

第七十名吳寶秀　平陽縣學生　易

第七十一名馬邦良　富陽縣學生　詩
第七十二名馬效武　海寧縣學生　易
第七十三名林得時　臨海縣學生　春秋
第七十四名陳　鶴　山陰縣學增廣生　詩
第七十五名徐之俊　常山縣學生　易
第七十六名沈茂榮　寧波府學生　禮記
第七十七名單有學　蕭山縣學附學生　書
第七十八名朱景和　遂昌縣學生　易
第七十九名劉志選　慈谿縣學附學生　詩

第八十名嚴自省　歸安縣學生　易

第八十一名沈子焞　德清縣學生　書

第八十二名沈之唫　湖州府學生　春秋

第八十三名水卿謨　鄞縣學生　易

第八十四名查志洽　海寧縣學附學生　詩

第八十五名盧洪翰　東陽縣學生　易

第八十六名沈大元　嘉興府學增廣生　書

第八十七名陳植樟　錢塘縣學增廣生　易

第八十八名鄧美政　建德縣學生　詩

第八十九名鄭一鵬　江山縣學生　易

第九十名張光裕　寧波府學附學生　詩

第壹場

四書

康誥曰如保赤子心誠求之雖不中不遠矣未有學養子而后嫁者也

祝以忠

同考試官訓導張　炳　批

詞理燦然情境俱見保民者不當如是耶

同考試官教諭區　大宗　批

精深瑩徹無增是篇宜錄以式

考試官教諭程端容批　醇雅不浮

考試官教諭周溥批　說題意懇切

傳者引言慈出于性立教之本可識矣蓋保赤子之心天性也觀於書而以慈立教者其亦求端于性乎傳者釋齊治意謂家國異勢矣而教之所以相通者固以其理之一然其機亦自有所不容強者試以慈觀之康誥曰如保赤子夫保赤子母道也曰如保赤子君道也保赤子者如何蓋赤子有欲無言者也惟有欲則遂其欲

者必待于求惟無言則求其欲者未易以中故爲之母者體其方萌之欲而又察其必至之情以心求之者此誠也而意念相孚有不求求斯中矣探其欲之不獲遂而又通其意於不能言以誠求之者此心也而氣機相感雖不中亦不遠矣此其鞠育之愛根於性之所自來而天不容僞顧復之恩本於情之所自致而機不容强其求也母何心焉以天通之不期識而自識其中也子何心焉以天合之不期中而自中是識

保之于母而若有不得以自與者豈有學養子
而后嫁者哉吁母非子也心誠求之可保其子
則君非民也心誠求之可保其民此康誥意也
觀於慈而孝弟可類推矣吾獨怪世之爲慧母
者衆而保民之主不多見焉豈母之求子以己
求之而君民尚有一體之間與保民者能以慧
母爲心則聯天下爲一身而民又何有不得其
情者故古先聖王曰恫瘝曰如傷誠以一體視
之也而民咸愛之如父母有以哉欲保民者可

以鑒矣

子曰不得中行而與之必也狂狷乎狂者

進取狷者有所不爲也

姜 鏡

同考試官訓導龍起春 批 刊落陳言獨運匠心深

得聖人居思狂狷之意

考試官教諭程瑞蓉 批 命意精切措詞嚴整

考試官教諭周丙 批 醇正精確

聖人思中行之次而重志節之士焉夫狂以志

勝狷以節勝得若人而可進於中矣聖人能無
思哉夫子蓋曰道之所以傳者人也人之所以
傳道者中也得中行而與之非吾之願哉而今
不可得矣然天下有任道之人而後有傳道之
人中行而下必也其狂狷乎蓋謹厚之士若近
於中而委靡因循無以勝斯道之重狂狷之士
若遠於中而慷慨獨立實具夫進道之資道本
高明而狂者之志常以高明自待卽上古之事
世之所視以爲難能者而彼獨以身當之也觀

其志而知若人之可以任道已道本正大而狷
者之節常以正大自持節流俗之行世之溺焉
而不自知者而彼獨不以身徇之也觀其節而
知若人之可以任道已蓋自今日之所就而言
則立志太高持守太激固不可以列於中行也
自他日之所養而言則行可副志才可達節亦
未始不可進於中行也然則吾之與狂狷也豈
與其終於狂狷哉噫觀聖人之所思而知其所
重者有在矣大抵狂狷之人常足濟天下事狂

者切直不諱故有所必爲而非喜事狷者獨立不隨故有所不爲而非畏事彼其不眩利害不動榮辱者其中先定也故聖學不可無狂狷之士而世道不可不任狂狷之人

徐子曰仲尼亟稱於水曰水哉水哉何取於水也孟子曰原泉混混不舍晝夜盈科而後進放乎四海有本者如是是之取爾苟爲無本七八月之間雨集溝澮皆盈其涸也可立而待也故聲聞過情

君子恥之

葉秉敬

同考試官教諭陳承芳批

以鍛鍊之詞發沈潛之思

聖人取水之意有爲乎其言之哉讀是篇者觀其深矣

同考試官教諭陳文銓批

數敘簡潔思致精融蓋爛

于時者

考試官教諭程端容批

詞約而理該

考試官教諭周淳批

平正通達

大賢明聖人之重本而深戒人之徇名也夫學

貴有本不貴近名也觀聖人取水之本而知無本之足恥矣且夫聖人之道崇本原而黜虛聲末世之學務虛名而鮮實行此水哉之嘆夫子所以寄崇本之思而徐子未之識也孟子告之曰子知仲尼取水之故乎仲尼所取之水乃混混原泉之水也其行於晝夜進於盈科達於四海如此乎流之遠也而所以不舍所以盈科所以放海則以其源之深也此仲尼重本之意得之心而寓之水也苟水非原泉而其流無漸則

易盈易涸而其終不繼仲尼奚取焉吾以是知
君子之學其敦本尚行而與聲名相孚者此原
泉之水也固君子之所重也其釣名干譽而與
本原相違者此易涸之水也尤君子之所恥也
是故君子寧效混混之泉無爲暴集之雨寧效
放海之流無爲溝澮之盈何者實德可久而虛
名鮮終也通乎此者庶無負仲尼取水之意乎
大抵敦本之學莫先漸進是故宇宙內事卽放
海之流也身心本原卽盈科之始也古之君子

潛伏屋漏不蘄近名遠邇卑高不蘄速效凡以頓悟之功不如循序之爲得耳孟子稱仲尼之道至於觀海難水而歸於不盈科不行其深知聖人哉

易

初九拔茅茹以其彙征吉象曰拔茅征吉志在外也九二包荒用馮河不遐遺朋亡得尚于中行象曰包荒得尚于中行以光大也九三无平不陂无往不復艱

貞無咎勿恤其孚于食有福象曰无往

不復天地際也

陳與學

同考試官訓導張炳批　清灑脫塵冲和合度誦

斯文也宛然有泰寧氣象

同考試官教諭匯大憲批　發揮輔泰保泰之意最

最若貫珠此蓋有志於鳴世者

考試官教諭程端容批　布格修整而意更躍如

考試官教諭周濟批　莊嚴瑩潔

觀泰之三爻而知君子之關於世道也夫治世不可無君子也三陽協心以保泰而世道終賴之矣且古之賢人每思效于盛世而古之盛世亦有賴於賢人二者常相待也茲泰之時三陽竝進是則豪傑之士濟濟然共奮於明時而先憂之思師師焉同心於王室故曰拔茅征吉幸其進也曰志在外原其心也然君子進矣而維世道者將何如哉吾知時至於泰則人情之玩愒易生而所以合人情而劑量之者以中行之

道得也誠寬弘其量而濟以斷精詳其慮而運以公自是而人情宜之矣何也有光大之心而後有行中之事是九二保泰之志所以孚於初也然時至於泰則天運之盛衰相仍而所以舉天運而力回之者以豫防之道勝也誠主之以艱而靡有逸志行之以貞而靡有過動自是而天運佑之矣何也有方盛之戒而後無盛極之衰是九三保泰之志所以孚於初也意不有族茅之初誰其倡之不有中行之二艱貞之三誰

其維之信乎春之像於君子矣雖然三陽者亦
恃行願之君耳君心偏則柔而疑其阿附而疑
其激君心弛則以長駕爲略以桑土爲迂何以
彙征而共濟哉故曰上下交而其志同斯志也
固所以行在外之志也已
師者衆也衆必有所比故受之以比

視以幽

同考試官訓導張 批
運筆倦奇構思縝密而

結意尤超出經生口吻

同考試官教諭區大憲批　詞雄調逸而一統規模盡洩於穎端矣錄之

考試官教諭程端容批　宏博有奇氣

考試官教諭周濟批　明辯俊偉

觀師比相承而得大一統之義焉夫天下之衆非得人以統之不可也此師之後所以有比與且所責乎統一宇內而總理人羣者何也惟天下相聚而至於相戕也嘗於聖人之序師比得其故焉師之爲言衆也蓋生人之初其勢均焉

耳天下之事猶可聽其自爲而不至於亂物聚之後其情渙焉已天下之治豈可一无所統而自底於安饑者欲食寒者欲衣貧者欲給必以其欲求遂於王者王者起而有以遂其欲將不召而衆歸往矣智者給愚勇者脅弱衆者暴寡必以其情求平於王者王者起而有以平其情將不集而衆憑依矣蓋惟德可以服人而天生王者與之以神聖顯懿之資卽賢人能士皆在其範圍而況此衆乎惟位可以率人而天生王

者畀之以崇高富貴之權卽公卿大夫皆惟其驅使而況此衆乎故聖人於師之後受之以比者是一人撫萬邦之義也是四海仰一人之義也是天王大一統者也雖然天下之勢不有所一則離而不有所分則紊蓋昔者周先王割天下土地封建諸侯而歷年八百至秦時雖廢封建哉然猶置郡邑長吏說者謂公天下之大端大本也誠分之也比之爲封也有內比者有外比者其意固若斯焉已

書

曰后克艱厥后臣克艱厥臣政乃乂黎民
敏德帝曰俞允若茲嘉言罔攸伏野無
遺賢萬邦咸寧稽于衆舍己從人不虐
無告不廢困窮惟帝時克

姜　鏡

同考試官訓導龔起春批　虞庭君臣克艱之心發
揮融透是深於書義者

考試官教諭程端容批　簡潔精密

考試官敎諭周　溥　批

朗包之作

大臣陳克艱之謨而聖君極言其難能焉夫克艱致治之本也禹陳謨于舜而舜歸美于堯其皆克艱之心哉且明主不以世治弛儆哲臣不以主聖忘規有虞之世舜紹堯而禹佐舜天下既已治矣乃禹之心未已也故矢諸謨曰君臣者庶政之紀而萬民之表也是必君致艱於上而常廑保治之思臣致艱於下而勿忘輔治之慮則以此理政百度其惟貞矣以此率民羣黎

其丕變矣爲我君若臣者寔可不免夥哉帝舜
聞其言而契於心也逡巡而俞之曰誠哉汝禹
克艱之言乎果能此道矣豈特政乂民安已哉
由是嘉言則罔伏矣羣賢則無遺矣萬邦則咸
寧矣效如此乎大也而非可倖致也必其從善
則忘己焉無告則不虐焉困窮則不廢焉事如
此乎艱也而何可易能耶蓋惟帝堯無私順理
而人己兩忘好士愛民而智仁兼盡是乃可謂
克艱云爾予承帝之統汝熙帝之載尚相與共

圖之哉夫禹不有其治責之於舜舜不居其美歸之於堯有虞君臣同一思艱如此其治所以弗可及歟抑舜聖君也禹聖臣也當時之治亦稱極盛矣猶然矢口儆戒常若不及焉此聖人望治無已之心也乃若後世君臣治未底于小康而遽陳豫大豐亨之說無感治未幾而亂隨之矣視舜禹用心何如

旌別淑慝表厥宅里彰善癉惡樹之風聲弗率訓典殊厥井疆俾克畏慕申畫郊

圻愼固封守以康四海

孫懋昭

同考試官訓導龍 起春 批 體裁整飭詞氣疏暢其呼應過接處悉中肯綮非學識俱到者不能

考試官教諭程 端容 批 典雅嚴重

考試官教諭周 濟 批 醇正

賢王亦大臣化民之政而復嚴其防焉夫化民之政旌善別惡而已使防之不嚴亦何以安天下哉康王命畢公者若曰我公之治東郊不惟

商民視以勸懲而亦四傳賴以安危者也則所以爲保釐之政者當何如哉蓋東都之民淑慝不能無辨故今日之政旌別在所宜先其率訓典而淑也則宅與里其表焉彰其善亦以癉其惡也而風聲所樹有餘勸矣其不率訓典而慝也則井與疆其殊焉使之畏亦以使之慕也而鑒戒所昭有餘懲矣然勸懲之典固所以鼓人心于不倦而防範之法又所以折姦萌於未形郊圻審規畫矣能無歲久而湮乎則申明其制

而疆界之必正也封守嘗建置矣能無世平而
玩乎則戒嚴其守而備禦之益周也斯則體統
嚴而強梗默化非獨商民之見雄者有所恃而
四海熙然其乂安矣紀綱肅而窺伺潛消非獨
商民之見別者有所憚而四海帖然其寧謐矣
夫旌別之政行於東郊而保釐之效及於四海
則殷民所係誠大矣公其加之意哉抑論蕞爾
殷民化訓三紀宜無足爲慮者而康王乃拳拳
于宅里井疆之辨郊圻封守之制以是見古帝

王愛民之深而慮事之遠也雖然導民者不專
以言守國者匪徒在險康王命畢公保釐而繼
之曰惟德惟義有以也夫

詩

我孔熯矣式禮莫愆工祝致告徂賚孝孫
苾芬孝祀神嗜飲食卜爾百福如幾如
式既齊既稷既匡既敕永錫爾極時萬

時億

葉秉敬

同考試官教諭陳 秉芳 批
刋盡浮詞而始終重一
敬字得詩人旨
同考試官教諭陳 文鉁 批
體裁整飭意趣悠長飄
飄乎盛世之音可以雄視諸作
考試官教諭程 端容 批
格局正大較理精密
考試官教諭周 溥 批
明健可誦
觀公卿祀盡其敬而神福從之焉夫祭主於敬
也盡其敬矣而神之福之也亦各從其類也已
歌楚茨者意謂宗廟之祭非以求福也而祭不

受福是神弗享而吾之孝誠未孚矣我公卿而有是哉彼禮行之久則力竭而易憊也今則自求神以至于獻尸時雖久而致慤之忱益虔力已竭而不匱之思罔懈蓋備之爲禮物著之爲禮容舉莫或愆焉誠盡其敬而敬者由是祝傳神意以賚孝孫也何如哉蓋曰祭有飲食而芳潔其至也玆而苾苾芬芬既莫非神之所嗜矣則卜爾百福其取諸飲食焉來如幾也多如式也庶徵與庶羞其相應也已何也敬昭於物而

百福之卜也以其敬也非以物也祭有禮容而莊敬其至也茲而齊稷匡敕既莫非神之所歆矣則永錫爾極其取諸禮容焉時萬善也時億善也多福與多儀其相應也已何也敬見於容而爾極之錫也以其敬也非以容也此其式禮謹而孝誠備類應速而顯道彰公卿盡祭之義如此非德盛政脩何以致之抑不求其爲孝子之祭也而嘏詞以類應賚之何哉蓋不期福者固奉祭之心而祀典之舉肇于力農則宜稼于

田順氣成象明德已先黍稷而馨矣故孔子曰
我祭則必受福其克享也又何疑噫后之不藉
千畝而匱神乏祀者視此爲何如
敬之敬之天惟顯思命不易哉
陶志高
同考試官教諭陳承芳批　格調平正詞致宏朗發
天命庭尤透
同考試官教諭陳文銓批　意足格高不落時套惟
見此篇

考試官敎諭程 端容 批 詞簡意明文之復古者

考試官敎諭周 溥 批 冲雅

周臣亟勉君以敬而指天命以示警焉夫敬者祈天永命之本也以此告其君而忠愛之情見乎詞矣宜成王述之以自警也其言曰天之立君豈其使一人宴然於民上已哉固有所以保天命者在也臣之願王何如其必履崇高之勢毋徒優游爲也而圖惟於密勿者恒切時幾之勑撫盈成之運毋徒逸豫爲也而主宰於淵衷

者常存嚴翼之思尚其敬之哉敬之哉而何言乎其當敬也蓋人君所事者惟天而其所以得爲天子者惟其受天之命也今以言乎天命則冲漠無朕之中而監觀爲之有赫其克敬也天必知之而命之留者恒因之其所以使命之必我留者不易也太虛無物之表而臨下爲之孔昭其弗敬也天必知之而命之去者恒因之其所以使命之不我去者不易也知天之惟顯則當思所以格天知命之不易則當思所以保命

卽日兢業以圖之猶懼天之難忱而命之不常也尚可以不敬哉吁周臣以此告成王而王且述之則所以祈天永命者必有道矣抑是道也固心法也亦周之家法也文之敬止武之敬勝謨烈昭然在也何他求乎卒之成王能緝熙光明而夙夜敬止凡以畏天之威而繼序不忘也其用諸臣之言而以法祖爲事者乎是故思敬天者惟在於法祖

春秋

楚人侵鄭僖公二年齊人執陳轅濤塗僖

公四年

方學龍

同考試官訓導趙思基批

詞平平齊而曲折開闔處卓有先輩矩矱豈以格勝者乎取之

考試官教諭程端容批

格嚴語鍊

考試官教諭周濤批

明整

伯德之勤怠於人心之思歎驗之矣此鄭被兵而興思陳同好而見歎皆由於桓德之所召也

嘗謂王伯之辯惟德之誠僞爾王者感人惟誠故人心思之愈久不忘伯者異是有思未幾而厭即至矣何不引齊桓之事明之夫鄭之見侵於楚也以即夏也於時册伯被囚鄭患蓋孔棘矣使桓無德以聯其志則鋌而走險奚擇焉惟自會檉以來念深禮謹志切安攘彼鄭亦已諒之故三揖可擒五廟可震寧以國斃而不肯納款於南荆也觀孔叔之言曰齊方勤我棄德不祥吁名其爲德且完守以待之思可知也古有

樹破斧之勛而致思皇四國者桓其庶幾矣乎陳大夫之見執於齊也以誤師也當時盟楚而歸陳適當孔道矣使桓無闕以攜其心則敬共往來曷二焉惟自服楚以後志驕氣溢漸異曩時彼陳巳竊異之故慮其誅求懼其樵採寧以見討而直欲避兵於東夷也觀轅濤塗之言曰師出陳鄭國必甚病吁策其必病且設謀以誤之數可知也古有抱隕淵之懼而永撫有萬方者桓其少愧矣乎夫以德之勤即反覆如鄭可

使委心於我繼之以息宇下之陳不免斁心焉
甚矣感人當以誠也此王伯之分也說者謂鄭
之勤也親暱罔棄也仲之教也執陳之日仲不
在側耶無亦積慮以圖所志惟一楚乎楚服而
臣主德色寖不如昔有以也噫此伯者所以為
假而管仲君子不為與

春白狄來　襄公十有八年

施夢麟

同考試官訓導趙思基批　是作場中如體傳意者少

予獨採其大旨而詞復偉儁是苦心者錄之

考試官教諭程　端容　批　得聖人意

考試官教諭周　溥　批　詞旨明確

春秋於外夷交內而深示謹防之意焉蓋防正而后淫慝之患可弭也經於白狄之來所為深致意與昔白狄世處陰山與曲阜不適舊矣一旦藩飾而來倘亦徼福於周公以踵越裳之遺意乎君子則曰狄非可朝於魯也而魯何為受之蓋中國與夷狄畫疆而居無時可適者故以

天子之尊且世僅一見焉以元聖之德且不享其物焉其所以正防而禁慝固甚嚴也魯也龜蒙之封無改於舊成襄以來代有失德何政而格於狄今之來也果款我乎抑嘗我乎未可知也馳一介而拒之國門斯非魯之所得為者哉顧乃位非天子而徒慕柔遠之名德非聖人而妄徼執贄之獻其亦不自量也已想其受玉於庭薦器於廟魯之君臣色動亦以為一時盛美矣獨不思無故而涉吾之境其漸不可長也非

所及而妄受人之朝其禮不可行也率是爲之是使異類得接軫於神明之區內外之防衰矣狡焉得肆乎窺伺之計淫慝之禍滋矣世道之亂也其何日之有故春秋直書白狄曰來而不與其朝所以一內外懲淫慝也而譏魯之意至深切矣惟此義不明然后有與夷狄交婚居羌胡內塞蓋至於中原多事神州陸沈而后知聖人謹白狄之意深也彼有閉關謝西域者其庶幾得春秋之旨

禮記

是故樂之隆非極音也食饗之禮非致味也清廟之瑟朱絃而疏越壹倡而三歎有遺音者矣大饗之禮尚玄酒而俎腥魚大羹不和有遺味者矣

李繼韶

同考試官訓導王天麟批　體認親切而鋪詞布調咸歸大雅子殆深於禮樂者

考試官教諭程端谷批　和平之音

考試官教諭周溥批　旨趣儁永

論禮樂不尚乎文即其至者而可知也夫音與味皆禮樂之文而非其至也試觀清廟大饗蓋可覩已樂記意曰禮樂之道有本而立有藉而行彼以音求樂以味求禮者非善論禮樂者也何則音以宣樂人皆曰樂之隆隆于音之極矣不知至樂無聲有播于音而不盡於音者在何極音之足云也味以成禮人皆曰禮之盛盛于味之致矣不知至敬無文有寓于味而不專于

味者存何致味之足云也曷以徵之彼清廟之瑟非樂之隆者乎語其音則爲朱絃爲疏越壹倡三歎而已吾未聞其音之極也然音雖淡也而移風易俗之機蘊焉徐而聽之蓋宛然見聖人於心而有遺音矣孰謂樂之隆也而極音乎哉大饗之禮非禮之盛者乎語其味則爲玄酒爲腥魚大羹不和而已吾未見其味之致也然味雖淡也而報本反始之情著焉徐而玩之蓋儼然見祖考于心而有遺味矣孰謂禮之盛也

而致味乎哉是蓋求禮樂于音味之內其機也
淺禮樂皆虛也求禮樂于音味之外其蓄也深
禮樂皆實也君子察此可以明禮樂矣抑考諸
易曰殷薦上帝傳曰告民力之普存則音與味
顧可少與吁記者特為狥末忘本者戒耳後世
不探其本而徒於鐘鼓籩豆之間求之抑末矣
其如禮樂何哉是故禮樂之興蓋必有中正和
平之藴者而後可

子云善則稱君過則稱己則民作忠君陳

曰爾有嘉謀嘉猷入告爾君于內女乃
順之于外曰此謀此猷惟我君之德於
乎是惟良顯哉

陳治則

同考試官訓導王天麟批　人臣忠君之義闡明殆
盡而一結尤見忠悃

考試官教諭程瑞容批　沖淡中有逸趣

考試官教諭周壽批　沈著醇雅

人臣忠君之化觀諸書而可證也夫事君以忠

臣道也而民皆化之可謂良顯矣雖書詞所稱
奚加焉夫子之意謂夫人臣一身君之輔民之
表也惟不能效忠於君斯不能作忠于民難以
語良顯矣誠知善本人所業道而況臣之於君
有頌德之義焉故無論君之盛德不敢竊為己
功即善之在我亦舉而讓諸君焉若曰主上聖
明臣子何庸也過本不當自文而況臣之於君
有引慝之分焉故無論吾之失德不敢曲爲掩
護即過之在君亦舉而任諸己焉若曰臣職曠

違天王何慙也如是則於其稱君也可以觀忠愛焉而民之遵化者咸起夫頌德之忱於其稱已也可以觀忠謹焉而民之仰承者咸萌夫引慝之志始焉以一人之忠作萬民之忠旣焉合萬民之忠皆一人之忠若而臣也誠哉其良顯矣君陳有云嘉謀嘉猷入而告之于內此謀此猷出而順之于外而以良顯稱焉吾謂在君陳以忠于爾后者而垂于紀載固亦天下以人臣之極在君子以忠于吾君者而率乎斯民亦可

無愧于良顯之風然則爲臣而不以忠自處者
其亦未玩君陳之義云雖然讓善引過忠矣而
面折廷諍非與蓋都俞喜起上臣之至願也繩
愆糾謬諍臣之不得已也人主諒其不得已之
心而上下其交孚矣是故效忠者臣而作忠者
尤在于君

第貳場

論

天下國家之大務

葉秉敬

同考試官教諭陳永芳批

天下國家之務有要有本

子能博綜古實出入古今經世之術具占其驗矣

同考試官教諭陳文銓批

不習窾言直攄要指非明

子當世之務者其何能言錄之以式多士

考試官教諭程端容批

才情具足機軸圓融

考試官教諭周溥批

旨明詞達

凡治之難非其治之難也有本之難有要之難也非有要不足以成天下之務非有本不足以

執天下之要何以故也四海之廣兆民之衆延頸舉踵而待命于一人一人坐視而不爲之恤、則恐至于負其望起而徧爲之無乃遂至疲神以爲天下勞是故不可以無要操要御詳使天下不勞而就理非藻飾之所能爲也藉第令事事而廉之而不勝密物物而察之而不勝明是尚爲能執其要也乎是故不可以無本知本不匱知要不殆古之人君其于理道亦籌之熟哉其所以成務未有不繇此者也朱子稱恤民爲

天下國家之大務而繼之治軍省賦歸之心術
紀綱推本考要有味哉其詳言之也可爲世世
法程至明矣嘗試論之天下國家其作室歟要
則樞也本則運是樞以開闔者也其涉川歟要
則舟楫也本則運是舟楫以有濟者也何以明
其然耶聞之曰生民有欲無主乃亂作之君作
之師惟曰其相上帝豈其以一人肆于民上而
淫焉以逞此治之不可以已也而政且緦緦然
民且總總然不得其要卽欲成務其孰從而成

之故縣而語恤民民不可得而恤也縣而語省
賦賦不可得而省也治軍而後省賦可言省賦
而後恤民可舉也故曰要其樞也舟楫也而猶
末也語曰事在四方要在中央聖人執要四方
來效此亦甚末易也君人者誠中心無爲而守
至正其大綱必舉其衆紀必張其軍制必明其
賦斂必省其恩澤必下究否者軍彌治貫彌亂
名曰省賦而實繁之民未見德也此亡務並絕
根忘其大者也故曰運樞以開闔運舟楫以有

濟則存乎其本也將執天下之要以成天下之務意在斯乎人君知其然是故靡之乎恤民而急之乎軍賦重之乎紀綱而根之乎心術心術正紀綱立吾朝治軍而賦暮省吾暮省賦而民朝甦不煩指顧不動聲色而天下遂以大治何以明其然耶昔也時雍于唐風動于虞民何以至此極也遊堯天戴舜日彼固無用此贅軍宂賦爲也所無用者獨其軍賦哉兢兢然業業然根本之地誠先之也後及三代而勦强取暴軍

賦稍稍異矣然而夏之民也寧商之民也殖周
之民也清則又何以至此極也軍農夫而賦什
一民不病征也寧獨不病征而已祇德之禹躋
敬之湯執兢之武爲之次第施爲其間也由斯
以談心術本也軍賦要也審矣不省賦而恤民
枵腹而求生也不治軍而省賦反鑑而索照也
不正心術立紀綱而談軍賦部日實表而怪言
影之不見也亦大惑矣知有本與要之若彼察
無本與要之若此慨然師二帝之已事由三代

之芳規淵乎其無思澹乎其無爲凜乎如履薄
而臨深慄乎若持盈而捧玉罔甘于適罔逸于
遊罔溺志于聲色罔馳心于土木罔狹前人規
罔開後世釁以此陳紀紀必肅以此提綱綱必
振司馬董內方伯治外縻廩之軍不登于籍矣
九賦會徵九式均節朘膏之賦不入于朝矣其
閭閻必且朽貫而藏其父老必且含哺而遊其
農夫市人必且荷鍤而歌其婦人小子必且擊
甕而謠其學士大夫薦紳先生必且褒衣博帶

安行徐言而無所却顧熙熙乎穆穆乎扇六合以淳風闔八荒如同室斯誠得當唐虞三代哉乃無異故其所以成務者有要而有本也辟之工倕作室津人操舟樞運而楫利何實力爲也後治卑卑無足語此周衰而降漢唐已遠不逮至宋而陵替加焉庸可幾乎朱子所以欷歔感嘆而三致意也彼其內政不脩外侵孔亟安有天下阽危若是而上不驚者則亦無得于其本無見于其要焉耳此可謂不知務矣向令端本

而操要以圖夫務何至軍驕食冗賦處民窮一
折而入于亮哉故夫朱子之未試其言朱子之
深憂也有天下國家之責者誠得其說而行之
則幾矣

表

擬

御製輔臣贊和詩集序

示大學士楊一清等謝表 嘉靖七年

姜鏡

同考試官訓導龍起春批　頌而無諂進不忘規焉

得人臣對

君之體且其藻繪不煩莊嚴自在直軼唐宋而上之宜錄以式

考試官教諭程端容批　抒思微婉構詞藻麗讀

之當時賡和之意宛然

考試官教諭周溥批　莊重典則非馳騁浮靡者

嘉靖七年正月某日具官臣楊一清等伏

蒙

聖恩以臣等元旦日恭和

御製五言律詩彙爲一冊仍
親序其端名曰輔臣賡和詩集序
頒示臣等臣等誠惶誠恐稽首頓首稱
謝者
皇綸晉錫煥
九重奎壁之章
聖德謙光啓千載地
天之泰采菲葑而罔棄
冠琬琰以增榮拜手祇承靦顏知愧竊惟詩

以言志本治世之麻音頌不忘規惟藎臣
之懿榘道先交儆事匪彌文故虞室賡歌
播喜起明良之盛暨周岡嗣響宣優游泮
渙之和酬唱同聲分靡睽於簾陛賛襄協
德化丕式於寰區自大雅旣堙而末流斯
競興思猛士徒遺馬上之風侈豔祥麟祇
習房中之曲第詩章於三等角技雕蟲直
供奉者五人溺情遊燕屬和薇槐之賦義
奚裨於格心賜序蘭菊之篇意豈存于納

誨惟
作者之謂聖斯美焉而可傳茲蓋恭遇
皇帝陛下
仁孝性成
欽明神授
觀人文以成化運乾旋坤轉之功
建皇極而敷言踵帝驟王驅之躅
慎脩思永兢業允迪乎皋謨
邈志遐來啓沃猶廑乎說命箴銘在

御彝訓罔愆屬當改歲之期適應迎陽之候攄
淵衷而掞藻儼
寶翰之寵頒謂除舊布新象方懸於月令而塞
違昭德念彌切於時幾
睿語春敷特褒着碩
虛懷夕惕俯望交脩近體聊取夫五言
旨超邃古
殊既遙傳于一札重侈兼函
敦厚溫柔括會須無邪之義

丁寧反覆邁衞武抑戒之詞臣等幸際
昌辰叨司台鼎
彤廷曳珮未聞燮理之猷
黃閣演綸久乏論思之益曩自
平臺
召見揮翰分華逮于
講幄周旋賡詩翊學
楓宸垂眷勉報稱而弗前
藻錫頻蕃詎對揚之敢後恭依

洪韻輒獻蕪言雖
大造慚懞一辭莫贊顧
仁風噓拂萬籟齊鳴亦步亦趨瞠乎絕塵之逾
遠斯陶斯詠僾然下里之懷慙豈謂
兼聽芻蕘遂爾聯編
簡袠仍裁首序
標著嘉名
讓虞周於不居冰淵是凜
獎忠良之同道華袞爭輝

親灑御題奚止借世南之筆

榮須近輔無勞登常侍之牀繽紛焉鳳翥龍翔

光騰

黼扆髣髴乎金聲玉振調協宮商匪繡乎鞶帨之工蓋責以鹽梅之助不圖迂朽有此遭逢拭目聳瞻彩絢若迷於五色齋心誦法典刑媲美於六經敢不矢竭寸衷率先百職都俞吁咈永輸弼直之忱明聽翼爲恪效寅恭之誼

上以疇答乎
知遇下求不負其平生伏願
左右惟人
始終典學法
天行健憂勤恒徹於夙宵
與物皆春惠保咸周於遐邇則頌聲交作萬
邦底
嘉靖之隆而儆戒無虞
五位衍靈長之慶臣等無任瞻

天仰

聖激切屏營之至謹奉

表稱

謝以

聞

第叁場

策

第一問

方學龍

同考試官訓導趙 思基 批 我

皇上端好尚勤學敦節儉至矣乃復稱引

家法爲勸篇末歸重慎獨忠愛藹然

考試官教諭程 瑞容 批 敷對詳明允爲讜論

考試官教諭周 濤 批 頌不忘規足與日立

朝之際

國家之興也必有開泰於先者焉以裕燕

詒之緒必有保泰於後者焉以光纘述之

猷先後同心創守一道用能衍洪庥於不

替昌國祚於無疆此豈徒委瑣法制之詳
粉飾文爲之具已哉古人有言設誠於內
而致行之此聖帝明王興治之本也
今天下泰運方隆已執事遠舉商周故事近
述
祖
宗弘謨下詢承學冀爲我
皇上保治之助甚盛心也愚也敢以臆對今夫
人君之有天下也孰貽之輿圖在御貢賦

輸將是祖宗櫛風沐雨而經營者也億兆
臣妾遐邇率賓是祖宗旰食宵衣而耆定
者也百職分官羣材布列是祖宗敬敷勸
學而培養者也顧創業之君備嘗艱阻則
兢惕之心勝而垂裕常周守成之君坐享
太平則宴逸之念萌而瑕纇潛伏明主察
相相與蒿目怵心交儆匪懈是即易戒平
陂危復隍之旨也譬則世家鉅室席先世
餘貲其稸藏囊橐非不盎然充溢然且謹

守家法折節儉勤兢兢焉惟恐失墜故其先業靡耗而世澤常延保天下者何以異此昔伊尹之告太甲也曰顧諟明命曰昧爽丕顯動必稱先王以警之而傅說之告高宗曰王忱不艱允協于先王成德周公之告成王亦曰觀文王之耿光揚武王之大烈彼三君者憬然深思克自抑畏迄為商周令主職此之由迨三代而下則有書貞觀政要於屏風如唐之宣宗者焉有進

讀三朝寶訓如宋之孝宗者焉夫貞觀政要神龍中吳兢所撰也謂唐之極治貞觀爲最采時政可紀者上之於朝其爲篇目以四十計蓋箴儆之義備焉傳至宣宗每拱手斂容而讀之豈不念締造之艱哉顧勵精未幾旋已怠荒魏謩以盡言罷相孰與獎魏徵之直王宰緣貴倖求用孰與燭宇文士及之姦迎軒轅集於羅浮孰與斥蕭瑀崇釋之謬以故河湟雖復內地靡寧

大中之政衰已三朝寶訓天聖中李淑所撰也始於建隆迄於乾興凡綸音政典悉著于篇襃而爲事者以百計蓋經緯之謨具焉傳至孝宗每值進講輒咨詢弗倦豈非儼羹墻之見哉顧徒飾口耳靡措躬行外戚家毋得除兩府矣而張說用戚屬棣樞內侍省毋得預政事矣而甘昪與曾覿相表裏王昭素甞以儒術召對便殿矣而朱熹用道學見疎以故正邪雜進事權旁

落乾道之業替已大都人情始於銳常卒
於怠采其華常遺其實唐宋二君非眞有
恭默思道陟降在庭之心也陽浮慕之耳
宜其假之而遽歸舉之而旋廢矣矧唐以
雜霸爲治而本原弗端宋以忠厚立國而
紀綱弗振即所以詒謀者不逮商周遠甚
其後嗣又何以觀也洪惟我
祖
宗啓祚

列聖紹庥
駿德豐功奠安寓內若乾元之覆幬焉
神謨聖範昭示
後昆若日月之照臨焉
深仁厚澤永庇蒸黔若雨露之滋潤焉
瑤編玉冊之紀
金匱石室之藏非遐邇所能悉窺也而文獻
足徵儀刑如在巍然煥然眞克邁三五之
登閎陋唐宋於下風者可歷舉而數矣我

皇上嗣曆握乾乃益闡揚而光大之崇奉
兩宮敦隆
盛典至孝也
日御講幄
躬裁庶政至明也
軫念民瘼屢
詔蠲恤至仁也一時臣工爭自濯磨求無負於
昌期即山海遐陬亦喁喁歌頌矣頃歲
俞輔臣之請以

累朝訓錄分類編摩
便殿講讀之餘時復
進講曰法
祖曰創業艱難其大指也曰敬
天曰保民曰勤學曰勵精圖治其急務也曰謹
祭祀曰愼起居以至於正紀綱御夷狄絲
分縷析其條目也簡褒雖繁而指要則約
事類雖夥而條貫可陳
祖

宗之彝訓具是矣猗與休哉與治同道罔不興
其斯之謂乎乃執事猶欲撥要探本圖所
爲芹曝獻者則何以稱焉仰聞我
太祖諭侍臣曰皇天無親惟德是輔使吾後世
子孫皆如成康輔弼之臣皆如周召則可以
祈天永命國祚愈昌我
成祖之訓曰人常慮危迺不蹈危車行於峻坂
而仆於平地者慎於難而忽於易也保天下
亦如御車何可不慎大哉

皇言勅法琬琰

列聖之所以繼序不忘者率是道也恐竊覩補

臣之所獻規

皇上之所延納如日審官曰理財曰興教化曰

飭武備諸事則宰臣總其綱六卿分其職

臺諫繩其愆

穆清之上第一加意受成焉即以咸熙庶績

永保丕平易易也顧惟

堂陛森嚴則下情靡達

宮府懸隔則匡拂末繇是在
密勿之中預圖而默省之耳愚請得正言無
諱可乎夫人主一心攻以衆欲一念之好
尚羣情所共趨也喜珍玩即淫巧者售喜
異端即詭誕者售猶設候張的衆盻咸集
鮮弗中矣故監胡元之覆轍則碎水晶宮
漏鑒梁宋之迷途則闢釋老異教是
祖
宗端好尚之家法所當念也自昔高宗之遜志

時敎成王之緝熙光明罔非以務學爲急
者學猶植也不以有人而作無人而輟也
一暴十寒其如有萌焉何哉故
御書洪範篇雖
宮中不釋手
命儒臣進講大學衍義雖盛暑不輟業是
祖
宗勤學之家法所當念也人主以一天下奉一人
錦衣玉食匪乏供也而曰克儉于家曰愼

乃儉德誠慮夫膏腊易竭意欲難窮作法
於奢將無以維其後矣故惜費效於漢文
則隙地無亭臺之築惡服法於大禹則
後宮有浣濯之衣是
祖
宗敦節儉之家法所當念也伯冏之命曰侍御
僕從罔非正人而無昵憸人之戒尤諄諄
焉彼嬛巧之姿日侍左右憑社則玩紀煬
竈則蔽明自匪剛明果斷之主鮮不昵而

蕩矣故私請内庾以充奇富則導諛之誥
責必嚴議省大官議聚營卒則
掖廷之浮言罔奪是
祖
宗馭近習之家法所當念也不特此也思
存省之録則警戒日勤玩
敬一之箴則起居必慎自
深宮燕閒以及
大廷臨御凜若

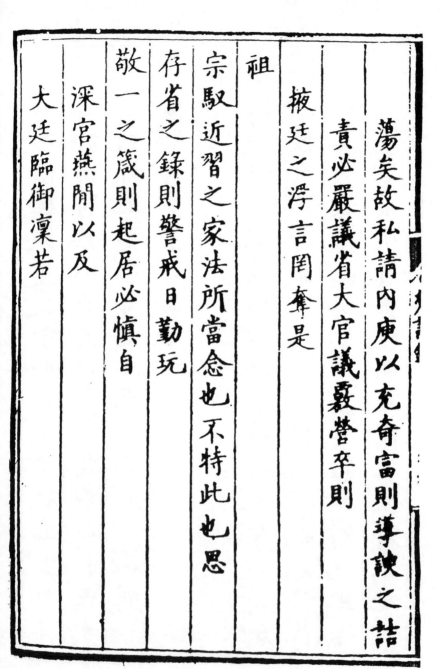

列聖之陟降于前焉匪第諷咏遺編聳動觀聽

而已由是則正人日親而奇衺慆淫之徒

遠矣忠言日進而豫大豐亨之說黜矣庶

職競勸方內禔福而明作惇大之業成矣

蓋天下國家之本在

君身而其機在宥密雖拂士無緣畢其議邇臣

不得闚其忠者惟

明主一獨覺耳獨覺則明通明通則公溥夫是

以恭已南面而宇內太和也故曰王道本

于誠意其要只在謹獨執事所謂保泰之
助意在斯乎

第二問

祝以忠

同考試官訓導張炳 批 辨析古今入物情態殆
盡而文思縱橫不竭歎服敬服

同考試官教諭區大憲 批 浩博之學璀璨之詞未
歸重人才樂爲吾用尤反覆有情佳士也

考試官教諭程端容 批 品藻中有確論非經生語

考試官教諭周溥批　援古證今說之剴然

夫人主所以藻鏡羣材使灼然當于用而不爽者惟恃吾獨見獨明而不可眩以名實也何謂名徵諸人而樂道焉與吾之實而相協者也何謂實施諸用而愜當焉與吾之名而允稱者也譬之射操弓而立乎儀的之間聚而指之曰某能射此名也迨乎一縱一送弓與手相諧手與目相應不傾矢鏃而收命中之能此實也譬之御列

驂而置諸康莊之衢聚而指之曰某能御
此名也迨手一鞚一控車與馬相適馬與
人相調不勞鞭策而收致遠之利此實也
審乎此以藻鏡羣材則徵名而實因以見
考實而名因以符士之任實者將悉爲吾
用而飾名者罔所售其欺矣甞聞嬰兒相
與戲也以塵爲飯以塗爲羹以木爲胾然
至日晚必歸饟者塵飯塗羹可以戲而不
可以飽也鄙生蹲伏蒿萊中抱遺編而囁

嚅烏覩所謂名實之指即使言犁然當明問亦塵飯塗羹耳執事將無以鄙生爲戲耶久矣夫名實之難辨也假令名之與實若左券之相符則一庸人能辨之又奚俟於英辟顧抱實者鮮矜名者多車轍與月早齊呼腊鼠與璞玉竝號荻苗類絮薏苡似菊虎皮而羊質鳳彩而鶚聲其情貌懸也且飾名者進則尚實者抑朝有儇巧輕躁之夫則野有敦朴恬靜之士朝有容悅

便佞之黨則野有剛正伉直之人朝有暴
戾貪黷之臣則野有寬大謹廉之輩其貞
勝定也皐陶之告舜曰知人則哲能官人
惟帝其難之子產有言人心不同有如其
面蓋自古記之矣請略陳疇昔之槩以復
明問而徐效一得之愚可乎材品不同信
不可以一端盡也何謂名實之相副者伊
尹有莘之農夫也方其秉耒而耕固已希
心堯舜及三聘而出遂建革夏之勳而商

道以隆諸葛亮南陽之隱士也方其抱膝
而吟因巳託志管樂及三顧而起遂樹鼎
足之烈而炎祚再昌此所謂名實之相副
者也何謂有其實而無其名者毛遂自贊
於平原門下皆笑之脫穎而結强楚之援
邯鄲之圍立解韓信寄食於漂母少年且
侮之登壇而畫處項之計垓下之師竟殲
此所謂有其實而無其名者也何謂有其
名而無其實者馬謖之在蜀嘗奏記孔明

曰攻城爲下攻心爲上兵戰爲下心戰爲上論非不偉也街亭一敗而首領不保殺浩之在晉謝尚諸人相謂曰深源不起當如蒼生何以其出處卜江左興亡望非不隆也壽陽一挫而身名俱損此所謂有其名而無其實者也何謂蚤負不美之名而晚令者王湛名爲癡不爲從子王濟所禮一日濟與論易多出濟意表復就蟻封盤馬湛回策如縈而濟馬踣濟乃歎曰家有

名士三十年而不知魏舒名爲鈍不爲其叔魏衡所知後爲鍾毓長史毓每集僚佐射舒爲點籌偶朋人不足以舒滿數舒發無不中毓乃謝曰吾之不足以盡卿有如此射此所謂蚤負不美之名而晚令者也何謂始被貪濁之名而終著高操者王述爲宛陵令頗營家具王導以書戒之後乃改厲所至以清德聞蕭恪爲雍州刺史頗有賄聲梁武以人間歌謠示之後乃折節

所歷以善政稱此所謂始被貪濁之名而終著高操者也何謂初陷兇惡之名而後復改行者周處委身盜賊納父老之諫而自新迄成名士賈淑侵暴邑里感郭泰之言而自改竟爲善人此所謂初陷兇惡之名而後復改行者也何謂陽附君子之名而陰實爲小人者豎刁之事桓公也附於忠豎牛之蠱叔孫也附於孝郅都寧成之治郡也附於守職張湯王溫舒之鞫獄也

附於執法鄧通之柔媚公孫弘之反覆也
附於恭順此所謂陽附君子之名而陰實
爲小人者也何謂外近小人之名而中實
爲君子者子貢之存魯也近於詐弦高之
却秦也近於誕子囊之全楚也近於畏敵
李牧之防邊也近於縱寇蕭何之請苑也
近於賈譽田叔之焚獄書也近於彎法狄
仁傑之徘徊女后也近於貪位此所謂外
近小人之名而中實爲君子者也夫名實

之相副者人主每憚其名而不樂近之有其實而無其名者人主每略其實而遺之有其名而無其實者人主每慕其名而悅之有蚤蒙不美之名而晚令者人主每因其蚤而棄之有始被貪濁之名而終著高操者人主每追其始而斥之有初陷兇惡之名而後更改行者人主每計其初而絕之有陽附君子之名者人主不察其陰而日親之有外近小人之名者人主不採其

中而日疎之如此則所用非所材所材非
所用賢否倒置而真似淆亂矣自非人主
神識中涵獨見獨明幾何不徇名而失實
耶何謂獨見見在外者也日月之光也而
浮雲翳之則雲之外有遺燭矣燈火之燄
也而薄帷鄣之則帷之外有遺照矣何謂
獨明明明在中者也鑑至空也而形不可欺
以妍媸焉衡至平也而物不可欺以輕重
焉屏嗜慾慎起居則內境清而人主之獨

明著矣遠佞倖納諫諍則外蔽撤而人主之獨見昭矣由是出其獨見獨明以辨天下之材則名實之相副者必膺而鼎鉉之佐皆伊葛矣有其實而無其名者必採而專對仗鉞之臣皆毛韓矣有其名而無其實者必遠而虛談如馬謖殷浩者不至僨事矣蚤蒙不美而晚令者必收而隱德如王湛魏舒者不以蚤而棄矣始被貪濁而終著高操者必錄而遂善如王述蕭恪者

不以始而斥矣初陷兇惡而後更改行者
必察而自新如周處貫淑者不以初而絕
矣陰爲小人者必蹤而豎刁之徒不在左
右矣中爲君子者必親而子貢之流竝見
任使矣如此則所用皆眞材而似材者無
因而倖進名不浮其實實必符其名亦猶
養由基之於射雖百發無弗中矣造父之
於御雖千里無弗至矣抑愚有說焉辨天
下之材非難使天下之材樂爲吾用爲難

是故愛養不可不至也信任不可不專也微眚不可不宥也宏美不可不錄也陳軫貴於魏惠子曰夫楊橫樹之即生倒樹之即生折而樹之又生然使十人樹之而一人拔之無生楊矣子雖工自樹而欲去子者衆子必危矣愚觀任事之臣竭力以奉社稷之役一罹讒口則人主爲之投杼故有十人之譽不勝一夫之毀是生楊之說也是故愛養不可不至也王登薦士於襄

主襄主以爲中大夫相室諫曰中大夫重
列也今無功而授君其耳而未之目耶襄
主曰我取登既耳而目之矣登之所取又
耳而目之是耳目人終無已也愚觀在事
之臣察其未宜於民不逮三年量移之可
也有罪亟譴斥之可也既以爲賢而任之
矣即宜推心置腹令展布四體詎宜屬耳
目於道路而陰擿觖之是賢士程行於不
肖智者決策於愚人況媢嫉者忌其垂成

闒茸者幸其俱敗使有志之士疾首而事
事是耳目無已之說也是故信任不可不
專也孟孫獵得麑使秦西巴載之持歸其
母隨之啼秦西巴不忍而予之孟孫歸而
求麑弗得怒而逐之居三月復召爲其子
傅曰夫不忍麑又安忍吾子乎愚觀言議
之臣一掛當時之網則執筆者輒游意法
之外而緣飾之務快當事者之心或返編
氓或竄士伍即使無罪而議調亦復優游

散地困抑而不獲伸孟孫之召秦西巴可想也是故微眚不可不宥也卞和得玉璞於荊山獻之厲王玉工曰石也以爲誑而刖其左足武王立又獻之玉工曰石也以爲誑而刖其右足文王立和乃抱璞而泣於荊山之下不敢獻王使理其璞而得寶焉愚觀疎遬之臣寧無懐瑾握瑜處隱約而靡由自見者乎微左右爲之先容卒按劒相眄而莫之收矣卞和之泣玉可鑒也

是故宏美不可不錄也人主能盡此四者而天下之材不樂爲吾用者否也此鄙生一得之愚敢以效之執事執事將無塵飯塗羹其言乎

第三問

葉秉敬

同考試官教諭陳承芳批　究極音律沿革之故殆無遺旨即牙曠復生當爲鼓掌取之

同考試官教諭陳文銓批　經生類鮮究心於樂者

而予獨條分縷析動有證據徵博物矣

考試官教諭程端容批　詞氣優柔治世之音

考試官教諭周濤批　綜貫古今深於樂者也

昔太史公爲律書其始不言律而言兵不言兵之用而言兵之偃及言偃兵而於漢之文帝獨加詳焉以爲天下富庶百姓嬉遊此和樂之本也嗚呼若太史公者蓋深達制律之意者哉六代之樂自咸池而下靡不由此明問謂非徒作誠然乎漢以來

文始之舞即韶樂也五行之舞即武樂也二樂終漢世不壞至魏而亂至晉而亡自是而古樂不復存矣樂之用不外乎聲音律呂通典云以子聲比正聲則正聲爲倍以正聲比子聲則子聲爲半如仲呂之管長六寸五分有奇上生黃鐘三分益一不及正律九寸之數但得八寸七分有奇以爲黃鐘之變律半之得四寸三分有奇爲子聲此聲有倍半之略也淮南子云姑洗

生應鐘比于正音故爲和應鐘生蕤賓不比于正音故爲謬蓋五音相生至于角位則其數六十有四隔八下生當得宮前一位以爲變宮又自變宮隔八上生當得徵前一位其數五十有六以爲變徵變者與正比則爲和變者與正不比則爲謬此音有和謬之略也漢書律歷志天地人及四時爲七始此合而言之也又以黃鐘爲天始林鐘爲地始太簇爲人始此分而言之

也蓋黃鐘居子爲天統林鐘居未衝丑爲
地統太簇居寅爲人統故爲三始姑洗爲
春蕤賔爲夏南呂爲秋應鐘爲冬以三合
四是謂七始此三始七始之畧也以七音
因十二律爲八十四調除二變聲不得爲
調以五因十二則爲六十調然二變不調
則冬夏聲闕四時不備蔡子之說非而鄭
譯之議是也此六十調與八十四調之畧
也以徑象言之黃鐘長九寸爲乾林鐘長

六寸爲坤乃邵子皇極經世聲起于多乾
之甲也音起于古乾之子也此理之可通
于易者也以娶妻生子言之黃鐘爲陽大
呂爲陰猶甲子之娶乙丑皆同位者也黃
鐘之生林鐘林鐘之生太簇猶甲子娶之
生庚辰金皆隔八者也乃沈重鐘律議用
京房之術求之得三百六十律當一朞之
日隨日建律依次運行當日者以次爲宮
而商徵以次從焉此義之有符于曆者也

樂必用五音然周禮三大祭皆無商音說
者謂周德木也故祭鬼神之樂去金開元
諸臣建言亦謂唐土德王請加商調去角
調是即周禮之意云耳我
朝以土德王
太祖高皇帝初作洪武正韻聲起于東從角也
後見禮部韻會而遵用之不起于東而起
于公此則從宮矣豈非深達造化者哉律
止于十二是矣然十二者律之本聲而四

者應聲也本聲重大爲君爲父應聲輕清爲臣爲子故四聲曰清聲即夾鐘大呂黄鐘太簇之應也苟不用四清聲是有本而無應矣我

朝冷謙建議用四清聲故編鐘編磬皆爲十六豈非洞達音律者哉詩稱定之方中謂測日景以辨方也土圭之法祖冲之之論備矣然候氣者使按日景之子午以布律則氣必不應何也天氣微偏于左地氣微

偏于右所謂不參差則不能生物者也故

土圭測日景常在子午之中此天之正位

也以鍼定南北常在丙午壬子之中此地

之正位也故冬至置黃鐘之律于壬子之

中夏至置林鐘之律于丙午之中然後飛

灰應律今元定乃欲一室之中多截管以

候黃鐘夫差之毫釐氣卽不應而顧欲多

埋律管豈非臆說哉黃鐘起于子之一以

三倍之歷十二辰而終于亥之一十七萬

七千一百四十七漢志蓋借十二辰以列三因之筭位耳故有寸分釐毫絲之法有寸分釐毫絲之數至章明也蔡子不知其假借立法而以爲真有十二辰之數張皇鋪衍而去真益遠矣自黃鐘之管陽皆下生陰皆上生自蕤賓之管陽反上生陰反下生此非空言也從子至巳陽生陰退故律生呂言下生呂生律言上生從午至亥陰生陽退故律生呂言上生呂生律言下

生蓋班志隔八相生一下一上則終于仲呂其長止三寸三分有奇京房之法至蕤賓重上生凡五下六上終于仲呂其長六寸六分有奇蓄仲呂止三寸三分有奇雖三分益一不能復生黃鐘之律故用六寸六分則三分益一可以復生黃鐘耳蔡子乃譏其陰陽錯亂毋亦未之思乎雖然此猶可也近世儒者乃又倡為之說曰黃鐘非九寸之管而引外紀呂氏春秋所載含

少之說爲證曰黃鐘音始也象則君也其律宜短其氣宜微其聲宜清者也是知其一而不知其二者也夫黃鐘以八十一分爲管而吹三十九分以爲聲故爲之含少乃遂以三十九分爲黃鐘之律而執含少以爲清管焉是其言本非誤而所以信其言者誤矣此律一差大呂而下十一律者將無由取正矣何其好爲異論而不師古哉蓋太史公之言曰細若氣微若聲聖人

神而明之雖妙必效彼氣之贏縮聲之清濁固有不在于器數之末者使識在于器數之末也烏用是聖人神明爲哉雖然審律之道秤解爲上得數者次之不求律于心而求律于器最下矣毋論黍之縱橫尺之長短懸直謂俗樂與雅樂亦不甚懸絕者夫金石鐘磬也後世易之爲方響絲竹琴簫也後世易之爲箏笛此雅樂之變爲俗樂者也黄鐘用合字大呂太簇用四字

夾鐘姑洗用一字夷則南呂用工字此俗樂之可通于雅樂者也微獨此古以俎豆今以盃盂古以莞席今以案榻雖聖人復生不能舍盃盂而復俎豆棄案榻而用莞席也是古今音樂之說也雖然此之謂樂器爾數爾非所論于器與數之外也夫有器而無官與無器同知聲而不知音知音而不知樂與無官同舍其本而圖其末沾沾焉鐘律是較非樂之完也本立矣末具

矣天造示寧而極音以逞非樂之至也蓋
聲如味一氣二體三類四物五聲六律七
音八風九歌以相成也清濁小大短長疾
徐哀樂剛柔遲速高下出入周疏以相濟
也是樂之器也記所謂聽其鏗鏘者也子
野歌而南北之風殊伯牙鼓琴而峩峩洋
洋之音著后夔氏典樂八音諧神人和焉
是樂之官也記所謂審音以知樂者也嗣
是而後荀勗之識牛鐸阮咸之較玉尺張

文收得玉磬而知黃鐘之缺楊收見百種
而定姑洗之角之數子者是亦樂之官也
記所謂審聲以知音者也昔者吳公子札
聘魯請觀周樂工爲之舞武曰美哉周之
盛也爲之舞濩曰聖人之弘也猶有慚德
爲之舞夏曰美哉勤而不德者也爲之舞
韶曰德至矣哉如天之幬如地之載雖甚
盛德蔑以加矣此數聖人者如察秋毫如
較累黍不少爽焉豈樂固有本耶何按遺

音于數千載後而歷歷如睹也此樂之完也嘗攷其時敷文德舞干羽有苗格而韶作歸馬放牛示弗服用垂拱無為而武作蓋聖人治定制禮功成作樂自六代而已然矣故曰樂以安德義以處之禮以行之信以守之仁以厲之而後可以殿邦國同福祿來遠人所謂樂也此樂之至也方今承平二百餘年百官序萬事理榮問邕和氣翔是虞夏之盛也可謂有其時矣

主上仁聖總萬類撫人羣于以調四時宣八風
是伊姚之英也可謂有其本矣及此時而
一講明之庶幾禁暴戢兵保大定功安民
和衆豐財是德之成也樂之本也藉令陳
其數備其器則一伶官事耳審其聲知其
音審其音知其樂則一太師責耳區區之
器與數何足論哉故曰惟天子建中和之
極此之謂也語云大聲不入里耳折楊皇
荂則嗑然而笑執事之所胥者大聲也憖

生之談析楊皇考之屬也于執事何當焉

於

國家何當焉

第四問

李繼部

同考試官訓導王 天麟 批

士習不端則化理何裨此策

惓惓欲釐正士習標準來庶深爲有見取之

考試官教諭程 端吝 批

此士稱當文之有關世道者

考試官教諭周 溥 批

責成士類源本之論

爲理之術有三太上化之其次風之其下聽之章執物慎樞機所以化之也簡脩別慝以爲表率所以風之也廉其茀率而謀其不協諰諰焉無于誰責所以聽之也夫王者制國固將化之化之不得而求所以風之則莫先于民之所視民之所視必有以鉅望而峻責之天下之人比肩而立接踵而至漫無辨別有善焉而不見其可慕有不善焉而不見其可惡人主不慕而以

其法制東約用之於無所重輕之人衆之愈急而應之愈緩何則此未足以聳動其心而更易其慮也是所謂治之丕協而直聽之者也天下有人焉其所自處儼然有以異於常人上之人見以爲異而優之下之人不敢跂足而望也則世所號爲士者也凡若人者必其平居舉止軌于度而宅於理無頗僻恣肆以忝名教夫然後民則而象之儀而憲之而王者之風聲教澤率

賴以維持於不墜不然民將曰某士也若是頽僻也某士也若是恣肆也其又何責夫匹夫匹婦而負販者乎故曰莫先於民之所視民之所視必有以鉅望而峻責之夫所謂鉅望而峻責之者何也蓋昔者成周之制得之矣今攷周禮一書其間摹畫曆注最備且悉總之因其性不拂其宜緣飾之以法制矯其所偏枉要之於中正如是而已矣是故其相際也三綌而後通五

贊以爲見則可謂已飭矣其選授也三物以爲賓再論而後政則可謂已嶄矣其省成也以八法辨治以六敘正吏則可謂已察矣夫紹贊以防瀆也物論以杜濫也法敘以秩能也三者帝王所以章軌宏化而總人羣之道也故爲之士者率其敎繇其制循循焉入於其中瞿然而與之俱化也言出而爲程行出而爲度功成名立而民以爲楷式天下之人苟其頑愚顓蒙不至

如鳥獸虫虜之不可以人理齒者亦孰不灑滌磨礱以求不棄於人士之列故當是時士之自處也甚高而天下之視士也甚尊其斂容者以陳禮也其戢武者以蹈義也其兢兢于法制敎令者以明有上而不敢專也昔人有言無罪以當貴清貞以自娛周之士所爲貴者以此也至秦則不然絀儒崇伯而上首功縱橫者鶩揣摩者膚視古者進褏足者退以故一切功名之士

鼓吻掉臂立談而取卿相其一時竊勢豈不烜灼然而徐察其所以為術迺有大謬不然者吹竽彈鋏要庭呼闒卽廝隸之役弗句於此矣投機瞰隙匿情更說卽穿窬之跡弗垢於此矣摺體伏溺希旨承顏卽妾婦之容弗愞於此矣夫三者至賤辱也至亡行也而士乃甘心焉試之以七尺之軀何也彼見夫左繩右墨者之擯於時而高議闊談者足以踞要樞也彼見夫廉貞

直亮者之背於俗而淟涊詭隨者足以營
尊膴也教弛而法頹風夷而習敝威之所
不懾而令之所不格也則靡靡鄉風而爭
趍下矣昔人有言所治愈下得車愈多夫
秦之士所爲桀驁橫恣者是得車多也其
治下矣亦烏足貴哉若迺兩漢之興其初
皆英君喆后一時功名節義之士雲合響
應若良平若耿鄧靡不展采錯事策勛爍
譽蓋斌斌創業盡臣中興碩輔也洎乎晚

節末路浸淫敗壞不可收拾新莽一起而
頌功德者盈廷塡闕卽學如子雲尚爲文
以美之爲後世大詬其僅守箕山之節如
薛方者已稱希奇寥曠矣陳蕃竇武輩舉
事一不當駢首就僇於閹寺之手而顧廚
俊及諸君子亦以區區懸標張幟自取刑
錮是何鄉者慕用之誠後相誖之鑑也二
者皆譏而說者謂穢行不如立名長諛不
如抗節兩京之俗不能不置進讓焉儻亦

春秋彼善於此之意乎故夫輕士嫚罵溺冠洗足是讒佞之媒也紲龍袞之尊禮羊裘之客是忠奮之召也故曰君見其欲臣將雕璞君見其意臣將表異彼周貴士而後士貴焉秦賤士而後士賤焉何也上者表也下者景也未有表不正而能景從者也故夫兩漢之末流非獨諸士人之過也所繇來遠矣洪惟我

太祖高皇帝受命開基滌腥羶之穢俗散離明

以驅幽一時風聲教澤赫然丕變諸凡學
校制科銓選考績之法備哉粲爛真神明
之式也
列聖培養餘二百年以至于今今
天子務學躬化於穆清數布
功令廣厲學官天下耆儒碩老禮官博士則
已後先炳曜矣然而風氣始乎醇常卒乎
漓士習始乎正常卒乎頗蜀錦齊紈綦華
矣久焉而敝廣廈隆棟綦壯矣久焉而圮

愚故竊有慮乎今之為士者也峩冠綬帶俯仰傴僂託之乎儒雅尋章摘句誦繁記醜託之乎弘博屏禮弃知出入恣睢託之乎夷曠違世陸沈避地獨竄託之乎孤高脩生葆真餐氣服道託之乎練要結倫交黨感分遺身託之乎奇節變言竅論不可方物託之乎幼眇摯跽拳曲從臾承望託之乎恭和若是者教之所去俗之所取也法之所禁時之所勸也名相背也實相詭

也而無所定雖十文武弗能理也夫表樹於隧則人亡弗趨焉鵠設於前則人亡弗貫焉故聖王立國必有以端表而正鵠是以振其靡而防其微審其所以聚而靳其所以予昔者越王將復吳而試其教燔臺而鼓之使民赴火者賞在火也臨江而鼓之使人赴水者賞在水也臨戰而使人絕脰刳腹而無顧心者賞在兵也若令與袖手裹足之夫同類而竝賞之則士寧有出

力者哉此則慎取予之説也爲今之計欲
以一道德同風俗愚以爲莫若即
國家學校制科銓選考績之法而微寓斯意
使天下明知其所嚮匹夫編户之氓姑不
暇深責責其號爲學士大夫者以爲衆庶
先故宅德則欲其核矣擢功則欲其確矣
敭治則欲其據矣褒直則欲其衷矣而又
以不測之威不次之典時或用之使之前
有所引而後有所驅夫惟於民之所視錐

望而峻責之則上無頼政下無疵俗惠者有所睎以爲善不肖者亦有所禁而不爲惡讓而後進合而後從所以重始也易祿難畜先幾蚤服所以持後也縣車焚魚歌咏聖德所以怡老也一蒙不呰齡古自引所以勵恥也凡此皆以風之之道化之者也夫因民之所先而先之則靡敢後矣因士之所貴而貴之則靡敢賤矣夫上之所好下必甚焉以文武之道率民而民弗率

者則鄉所謂頑冥顓蒙無人理者也必不
然矣區區東京之俗其敝也激西京之俗
其失也隨巳無足尚又何秦之足云哉昔
者孟氏有言待文王而後興者凡民也若
夫豪傑之士雖無文王猶興夫執事所稱
者凡民之桀也非所以爲豪傑論也士生
明時沐
聖澤至有化之而不速肖風之而不嚮應則幾
無行矣愚不佞請以文王之化爲

聖世頌以豪傑之志爲多士勗執事其謂此何

第五問

姜鏡

同考試官訓導龍起春批　寛猛迭用若循環然子虞任法之過而欲濟以寛大可謂識時務者

考試官教諭程端容批　詞旨愷切非苟言者

考試官教諭周濟批　雄文卓識足冠時髦

嘗謂法者治之具也而非所以爲治也識治者緣於不得已以立法而不任法以求

治斯得之矣夫緣於不得已以立法法則法
簡法簡則人將諒吾之不得已而相率以
守其法於不墜任法以求治則法煩法煩
則人將飾貌以避吾之法而法愈窮故識
治者甚無樂乎其任法也今之求治者吾
惑焉踵故襲常見謂頹靡而不振旣飭其
法以爲一切整齊之具其効也至於釐畝
起廢臻綜覈之理矣顧求之不已意以是
法爲終始而欲純任之吾恐天下之人一

時雖束於其法而不獲逞其久也必至潰敗決裂而不可收拾是不可不爲之圖也乃請縱談之以復明問嘗考邃古之初上下玄同相與結繩而用之甘其食美其服樂其俗安其居形有動作心無好惡當此之時號爲至治不知有所謂法也迨風會日流淳樸漓散智巧繁興聖人於是乎人爲之防事爲之制而法立焉爲之名位以辨其上下爲之爵賞以旌其功伐爲之刑罰

以肅其淫慝爲之條教以啓其趨避爲之
號令以約其渙散爲之甲兵以誅其暴亂
皆法也亦皆天下之情所不得已者也聖
人緣於不得已以立法故無貴賤無賢愚
無遠邇莫不恃聖人之法以爲安若水火
寒暑之不可廢焉施之於階前而準之於
海表創之於一朝而垂之於億載繼體守
成之君相與安坐而守之視其法如神物
而不敢侮如天造地設而不敢易雖有謀

咎之佐智計之士不得越法而措意藉令法久而弊生窒礙而難施用亦惟徐察其弊之所在而剔除之酌利害之大小權得失之輕重而微爲之損益不得因弊而遽廢其法故法行而民安之當此之時雖有法猶無法也而天下亦治人不得援法而議聖人追哲王既遠邪說橫行於是人始奮其私智挾其偏見離跂攘臂而高議廟堂之上往往任法而求治甚且視聖人之

法爲闊略疎漏輒妄取而改易破壞之創爲一切以就功名詳悉其科條繁縟其節目使民耳目口鼻悉聽命於上而不獲自適其性命之情吹毛而求疵洗垢而索瘢法愈密而民愈不堪於是民亦出其詭僻淫險之智惑上之視聽而逃於法之外以與吾角天下乃始大壞識者見其然乃遂併聖人之法而追咎之故莊周之言曰焚符破璽而民朴鄙剖斗折衡而民不爭殫

殘天下之聖法而後可與論議淮南王安之書曰民知書而德衰知數而厚衰知券契而信衰知機械而實衰夫二子之言驟而聽之宜若可駭徐而察之無亦病後世之法密而興懷邃古之初以洩其憤悶不平之氣乎非謂盡捐法而可以治天下也是故法簡者昌法繁者亡事碎者難繼政寬者易從三代而後可僂指數也漢高帝一豐沛匹夫耳提劒而平秦亂天下所以

歸之如流者以其入關中約法三章悉除
秦苛法以與民更始此所以迄成帝業而
開漢四百年之基也唐高祖一太原留守
耳起兵而平隋亂天下所以應之如響者
以其克長安約法十二條悉除隋苛禁以
與民休息此所以旋履帝位而開唐三百
年之統也商鞅之相秦孝公也令民相收
司連坐告姦者與斬敵首同賞不告姦者
與降敵同罰於是百姓樂用諸侯親服獲

楚魏之師闢地千里非不足以強秦也而
秦以慘酷亡吳起之相楚悼王也明法審
令捐不急之官廢公族疎遠者以撫養戰
鬬之士於是南平百越北卻三晉西抗強
秦諸侯不敢窺兵於漢水非不足以勁楚
也而楚以刻覈危夫使民居處相司有罪
相覺於彈姦得矣然而傷和睦之俗構仇
讎之怨馴致亡秦君子不爲也罷其冗官
廢其疏族於惜費得矣然而結功臣之怨

失貴戚之心馴致危楚君子不道也故商鞅吴起之立法天下之所謂善者也舉以與漢唐二祖竝論則疎密有間矣然而秦楚促而漢唐之祚長者何也葢商鞅察於刀筆之跡而昧致理之源也吴起習於行陳之事而略廟勝之筭也皆所謂不量天下之情得已而不已者也求治者鏡漢唐之所以長與秦楚之所以促始可與論法矣姑以近事證之

明自
太祖高皇帝肇造區夏懲元綱之不振稍以法
繩臣下號稱嚴明至其圖艱難以示
後嗣修女誡以肅
宮闈興學校以敦教化定律令以重民命而
蠲租之
詔至十餘下則又未嘗不依於寬大也
成祖而後解網弛禁務在無爲以順天下延及
孝宗俗化益厚無論士庶即蟲魚草木靡不得

所駸登于至治逮我
皇上益復纘承不替今且二百十五年所矣而
國家之勢張甚固非漢唐之中葉可同年語
也執事謂宜養以寬大實其元氣此萬世
之慮也蓋元氣實則天下之情日益固結
而不可解雖有卒然之變而無離散之患
是故識治者先焉而不敢緩焉之圖間者
惡積習之妨治引綱維以肅物稍尚嚴以
振刷之數年以來治效可覩已然試以令

覡

祖

宗之法則不無少峻焉請畢其愚而無諱夫林方病其壅而復罷之減其員則縉紳之徒觖望矣士方跂其進而復爲之限其數則博士之籍日削矣卿大夫之得授餐於傳舍非朝夕矣乃嚴爲之防令露居野處自雜於商賈而憚遠征者且投劾相踵焉則冠履奚辨也齊民之得食力於官府長子

孫矣乃過爲之裁令束手斂足莫救其饑
寒而懷異趣者將盜賊是歸焉則上下胥
困也墨吏宜繩而督察之過密得無波及
善類乎重辟宜殲而斬艾之非時能無上
干天和乎積穀以備賑意非不美也而虧
數者有罰俸之條不才者爭額外以取盈
矣懸格以捕盜令非不詳也而失期者有
降級之例固位者咸望風以失入矣凡此
皆鄙生之所私憂而過計者也誠恐天下

滋多事矣請以家喻善治家者煦育其子
弟謹事其賓客周恤其僮僕使一家之情
流通無閒則外內輯睦而家道昌是何也
蓋子弟吾之肢也賓客吾之援也僮僕吾
之羽翼也皆所以共贊吾家者也不可棄
也苟一旦疑其前所爲者之未善而輒爲
之改圖散遣其僮僕簡斥其賓客節縮其
子弟之腹而日加撻焉回視囷廩則充然
聚也自以爲得計矣不知里中羣不逞起

而謀之假賓客童僕爲間諜乘虛而暮擣其廬子弟忿而不救發囷倒廩盡亡其財而家落乃始悵然而悔之無及矣此非善治家者也哉

國家引四海而磐石之安於覆盂雖萬萬無它慮然自頃南北之事亦已見於有象愚恐羣不逞之徒左睨右眄而議於後也竊聞

廟堂之上亦旣洞燭天下之情矣誠一計度

其得巳者悉從而巳之不求治於法而求治於心不求治於下而求治於上與其勞之莫若逸之與其擾之莫若寧之一靜可以制百動一默足以應百諾事有利於小而害於大者巳之而弗舉也政有所得輕而所失重者巳之而弗行也如此則遠近之情自服意外之虞漸弭可以遠邁漢唐之曆永絕秦楚之禍雖儕之邃古可矣夫良醫之治病在腠理則治在腸胃則治在

膏肓則有望之而走耳治天下猶治病也今二三碩輔執斗杓而斟酌元氣即有腠理腸胃之疾一加鍼灸湯液旋就愈矣何膏肓之足慮也

浙江鄉試錄後序

萬曆壬午秋八月巡按御史
張文熙奉
天子璽書監試事按
國家制比吳越諸州郡之士而
三試之獲九十人而錄其文
之儁者以

獻屬瑞衣序之末簡間按吳越
畫江綰海以爲國而春秋以
來闔廬句踐所嘗霸諸侯列
冠帶其以會盟車書之盛與
晉楚爭衡也舊矣司馬晉以
後風流文物爛然江左及宋
南渡迄我

明興遂擅海內大較令
國家歲所合南北直隸及十三
省之士試之南宮而以進於
明天子之庭者什二三焉缺六嘗
遵錢塘登會稽及泝漢太史
公司馬氏所弔禹之遺烈其
所當山川之吐吞風氣之磅

礴亘斗牛薄虹霓非特古所
稱一都會而已也故嘗按吳
越之士公子札范蠡言偃以
來世多聞人即如今諸生所
挾冊以試于有司者言人人
殊瓜、宏閭霞之其言冠裳則
似禹之南會諸侯而執玉帛

者萬國其言鞭風叱霆精光
四射則似歐冶之干將莫耶
其言蒨麗青葱則似西湖剡
曲其言澹宕縹緲則似雁蕩
赤城其言滉漾無垠則又似
東望扶桑北眺碣石而鮫之
宮蜃之窟以相波濤焉犄與

美哉洋洋乎誠所謂大國之
風而諸士子之飈翔而霧遝
於
朝者有以也雖然端公竊有一
焉玆諸生所言也即古者詢
事考言之初也獨不曰乃言
底績已乎言也者文也仲尼

不云乎文莫吾猶人也迺若
績也者則所以體之心見諸
行事於以發之乎立
朝而蒞官臨民爲也他不暇引
卽如我
國家劉公基章公溢葉公琛宋
公濂王公褘始以

惟蜂訏謨文章典禮翊戴
高皇帝草昧之際者當與商之萊
朱周之閎夭等其他戡亂定
難身捍
社稷則于公謙仗節死事欷歔嗚
咽則方公孝孺孫公燧抗聲
直諫死且不避則章公綸張

公寧正色率下大雅不羣則商公輅謝公遷文經武緯超曠百世則王公守仁抒忠發姦彈壓中外則胡公世寧理學淵懿領袖士林則章公懋陳公選他名臣碩卿後先鱗次屬望儒紳者不可勝數斯

皆吳越諸州郡之產先民之
考鏡也斯皆所謂考言而底
績而黃鐘大呂與日月俱遠
者也爾諸士子所沐
今天子嚮明之化十年于茲抑亦
深且遐矣得無上採公子札
范蠡而下之流風餘韻下按

今

國家劉公基宋公濂輩百年勝

述所相與銘旂常垂竹帛者

亙爲烜爀熠燿已乎唐陸忠

宣公贄之知貢舉也得一昌

黎韓愈而唐之文崛起八代

之衰宋歐陽文忠公脩之知

貢舉也得一眉山蘇軾而宋
之士通經博古爲尚史官書
之於今播人耳目耿耿不磨
若昨日事玆則爾諸士子之
所以不負有司而於吳越之
山靈欻光而流潤也玆則御
史監試事者所以報稱

明天子而端容與百執事亦稍稍
古者拔什得五之遺而少逭
皐戾也爾諸士子其謂然否
是爲序
江西吉安府廬陵縣儒學教
諭程端容謹序